Dietmar Bruckner / Michaela Moritz

111 Orte in Bayreuth und der Fränkischen Schweiz, die man gesehen haben muss

Mit Fotografien von Michaela Moritz

emons:

Bibliografische Information der Deutschen Nationalbibliothek
Die Deutsche Nationalbibliothek verzeichnet diese Publikation
in der Deutschen Nationalbibliografie; detaillierte bibliografische
Daten sind im Internet über http://dnb.d-nb.de abrufbar.

PEFC zertifiziert

Dieses Produkt stammt
aus nachhaltig
bewirtschafteten Wäldern
und kontrollierten Quellen

PEFC/04-31-1370   www.pefc.de

© Emons Verlag GmbH
Alle Rechte vorbehalten
Layout: Eva Kraskes, nach einem Konzept
von Lübbeke | Naumann | Thoben
Kartografie: altancicek.design, www.altancicek.de
Druck und Bindung: Grafisches Centrum Cuno, Calbe
Printed in Germany 2017
Erstausgabe 2013
ISBN 978-3-95451-130-3
Aktualisierte Neuauflage Dezember 2017

Unser Newsletter informiert Sie
regelmäßig über Neues von emons:
Kostenlos bestellen unter
www.emons-verlag.de

Vorwort

»Irgendwann sitzen wir alle in Bayreuth zusammen und begreifen nicht mehr, wie man es anderswo aushalten konnte.« Kein Geringerer als Friedrich Nietzsche schrieb dies im Februar 1873 an seine Freundin Malwida von Meysenbug, die damals in der Dammallee wohnte.

Eine nette Liebeserklärung, oder? Nicht so was Grobes wie bei Jean Paul. »Bayreuth hat den Fehler, dass zu viele Bayreuther darin wohnen«, hatte der festgestellt und war lieber in die Rollwenzelei außerhalb der Stadt gegangen.

Bayreuth, die Festspielstadt, die Unistadt, das ist natürlich weit mehr als Jean Paul und Wagner und Liszt und all die berühmten Besucher von Gorbatschow bis Angela Merkel. Deshalb ist in diesem Buch neben all dem Klassischen auch viel Unbekanntes, Kurioses, Schräges, Trendiges und Alltägliches vertreten. Wir führen Sie zum Basketball und auf den Wochenmarkt, ans Todesrinnla (bitte nicht reinfallen!), ins Café Kraftraum, in ein französisches Edelrestaurant und an viele andere Orte, die man einfach gesehen haben muss.

Das Gleiche dann in der Fränkischen Schweiz, Bayreuths Vorgarten. Auch da Bekanntes und Unbekanntes bunt gemischt. Wo war das gleich wieder, wo sich Anthony Quinn verliebte, lange nach »Alexis Sorbas«? Wo traf sich die Gruppe 47? Was ist ein Zwetschgenbames, und wo bekommt man es? Dazu die Geschichte der Blue Jeans und wo Paul McCartney seinen E-Bass erstand. Wir begleiten die Motorradfahrer und suchen auf dem Walberla unser Glück. Und auf Goethe treffen wir natürlich auch, wie könnte es anders sein!

Ach ja, eine Besonderheit gibt es auch: Erstmals in der 111-Orte-Reihe sind Studenten an einem Buch beteiligt. Im Kurs »Schreiben & Präsentieren« hatten sie die Lust am Schreiben entdeckt. Mit ihnen zusammen machen wir uns jetzt auf einen Stadt- und Landbummel der besonderen Art. Viel Vergnügen!

111 Orte

1___ Die Burg Rabenstein | Ahorntal
Zu schön, um gänzlich alt zu sein | 10

2___ Die Klaussteinkapelle | Ahorntal
Trost an düsteren Tagen | 12

3___ Das Schloss Unteraufseß | Aufseß
Oder vom Potenzkampf zweier Brüder | 14

4___ Die Kathi-Bräu | Aufseß-Heckenhof
Kulttreff der Motorradfahrer | 16

5___ Das Andere Museum | Bayreuth
Der begehbare Zettelkasten des Joachim Schultz | 18

6___ Das Antiquariat Liebermann | Bayreuth
Kein Platz, sich umzudrehen | 20

7___ Das Atelier Friedrich-Puchta-Straße | Bayreuth
Vom Klavier, das im Atlantik schwimmt | 22

8___ Das Auktionshaus Boltz | Bayreuth
Wo Sarazen – der Hofnarr und die Villa Kunterbunt | 24

9___ Das Café Kraftraum | Bayreuth
Es geht hier nicht um Sport und Fitness | 26

10___ Die Dammallee Nummer 8 | Bayreuth
Oskar Panizza – ein Skandalautor wird ruhiggestellt | 28

11___ Das Deutsche Freimaurermuseum | Bayreuth
Hinter dieser Pforte liegt eine andere Welt | 30

12___ Das Deutsche Schreibmaschinenmuseum | Bayreuth
Schreiben, als es noch keinen PC gab | 32

13___ Das ehemalige Wirtshaus Angermann | Bayreuth
Der Fall Wagner: Nietzsche in Bayreuth I | 34

14___ Die Eremitage | Bayreuth
Ein Schloss, ein Garten, eine Zauberwelt | 36

15___ Das Franz-Liszt-Museum | Bayreuth
Komponist, Pianist, Dirigent – die Dreifachbegabung | 38

16___ Die Friedrichstraße | Bayreuth
Mozart an seine Jugendliebe: die Bäsle-Briefe | 40

17___ Die Gedächtnistafel Max Stirner | Bayreuth
Ein Anarchist aus bürgerlichem Hause | 42

18___ Der Grüne Hügel und das Festspielhaus | Bayreuth
Was die Wagner-Welt im Innersten zusammenhält | 44

19 — Das Hans-Walter-Wild-Stadion | Bayreuth
Fußballarena und Campinos Konzertbühne | 46

20 — Der Herzogkeller und die Katakomben | Bayreuth
Ganz einfach: DER Bayreuther Biergarten | 48

21 — Das Hotel Goldener Anker | Bayreuth
Pfingstreise – Wie die Romantik begann | 50

22 — Das Jean-Paul-Museum | Bayreuth
Der alte Luftschiffer im neuen Haus | 52

23 — Jean Pauls Wohnsitz | Bayreuth
Ein Haus, ein Garten, ein Hundewaschbrunnen | 54

24 — Das Kinderschloss | Bayreuth
Die etwas andere Playstation | 56

25 — Das Mann's Bräu | Bayreuth
Uriger geht's nicht | 58

26 — Das Markgräfliche Opernhaus | Bayreuth
Zum Weltkulturerbe gekürt | 60

27 — Die Oberfrankenhalle | Bayreuth
Tempovorstoß! Wurf! Korb! Sieg! | 62

28 — Das Restaurant Eule | Bayreuth
Wo die Künstler ein und aus gingen | 64

29 — Das Restaurant Miamiam Glouglou | Bayreuth
Wie Gott in Frankreich | 66

30 — Die Rollwenzelei | Bayreuth
Kartoffeln, Bier und eine Menge Poesie | 68

31 — Die Schokoladenfabrik | Bayreuth
Skaten, tanzen, feiern – die »Schoko« lebt! | 70

32 — Der Stadtfriedhof | Bayreuth
Wolfgang Wagner, Liszt, Jean Paul, die Stecknadelbraut | 72

33 — Die Stadtkirche | Bayreuth
Im Banne des Seiltänzers: Nietzsche in Bayreuth II | 74

34 — Der Stadtteil St. Georgen | Bayreuth
Bayreuth liegt am Meer. Oder nicht? | 76

35 — Das Steingraeberhaus | Bayreuth
So geht Tradition: Liszt-Flügel und florierender Familienbetrieb | 78

36 — Der Sternplatz | Bayreuth
Einen an der Waffel haben: die beste Eisdiele der Stadt | 80

37 — Die Studiobühne Bayreuth | Bayreuth
Theater muss sein! | 82

38 — Swagman | Bayreuth
Smartphone und Kartoffelstampf | 84

39 ___ Der Tierpark Röhrensee | Bayreuth
Ein Platz für Tiere | 86

40 ___ Das Todesrinnla | Bayreuth
Blaulicht und Lebensgefahr | 88

41 ___ Die Universität Bayreuth I: Kunst am Campus | Bayreuth
Balkenhol, Kricke & Co. | 90

42 ___ Die Universität Bayreuth II: Das Iwalewa-Haus | Bayreuth
Afrikanische Kultur: Gestern, heute und morgen | 92

43 ___ Die Universität Bayreuth III: Der Botanische Garten | Bayreuth
Schöner blühen: Um die ganze Welt an einem Tag | 94

44 ___ Das Urwelt-Museum Oberfranken | Bayreuth
Saurier lassen grüßen | 96

45 ___ Die Villa Wahnfried | Bayreuth
Wo der Meister residierte | 98

46 ___ Der Wochenmarkt in der Rotmainhalle | Bayreuth
Derfs a bissel mehr sein? | 100

47 ___ Das Waldhotel Stein | Bayreuth-Seulbitz
Wo die Kanzlerin absteigt | 102

48 ___ Der Abenteuerpark | Betzenstein
Flug übers Freibad und andere Spektakel | 104

49 ___ Das Instrumentenbaumuseum | Bubenreuth
Wo Paul McCartney seinen E-Bass kaufte | 106

50 ___ Das Levi-Strauss-Museum | Buttenheim
Geburtshaus des Bluejeans-Erfinders | 108

51 ___ Der Lindenhardter Altar | Creußen-Lindenhardt
Grünewald oder nicht Grünewald? Das ist die Frage. | 110

52 ___ Die Burg Feuerstein | Ebermannstadt
Vom Saulus (?) zum Paulus | 112

53 ___ Die Dampfbahn | Ebermannstadt
Längstes Museum der Fränkischen Schweiz | 114

54 ___ Die Sternwarte Feuerstein | Ebermannstadt
Wo große Leute zu Kindern werden | 116

55 ___ Schloss und Park Fantaisie | Eckersdorf-Donndorf
Schöner blühen oder: mehr Friederike als Wilhelmine | 118

56 ___ Die Blaue Maus | Eggolsheim-Neuses
Deutschlands älteste Malt-Whisky-Destillerie | 120

57 ___ Die Felsenkeller | Egloffstein
Geheimnisvolles Labyrinth im Burgberg | 122

58 ___ Die Komtessenruh | Egloffstein
Oder Goethes Faible für die Damen von Egloffstein | 124

59 — Die Mühle | Egloffstein
Mit Wasserstrom aufs E-Bike | 126

60 — Der Wildpark | Egloffstein-Hundshaupten
Aug in Aug mit Wolf und Wisent | 128

61 — Das Erlebnismuseum | Forchheim
Dreißigjähriger Krieg hautnah | 130

62 — Die Basilika | Gößweinstein
Von der magnetischen Wirkung der Dreifaltigkeit | 132

63 — Das Forsthaus Schweigelberg | Gößweinstein-Behringersmühle
Wo jede Erwartung übertroffen wird | 134

64 — Das Töpferei-Café Kunzmann | Gräfenberg-Neusles
Apfelsekt-Torte und Keramik | 136

65 — Der Elch | Gräfenberg
Ausflug in die neue Welt des »Craft Beers« | 138

66 — Guttenberg | Guttenberg
Das Dorf, das Schloss, die Familie | 140

67 — Das Schloss Greifenstein | Heiligenstadt
Gerettet durch einen SS-General | 142

68 — Die Künstlerstadt | Hollfeld
Kunst, Kunsthandwerk und Kunstfertigkeit | 144

69 — Das Walberla | Kirchehrenbach
Wo man das Glück findet | 146

70 — Der Feesenhof | Kunreuth-Weingarts
Wo »Charlemagner« wächst, reift und schmeckt | 148

71 — Der Kunstweg | Litzendorf-Lohndorf
Philosophie in freier Natur | 150

72 — Die Brauerei Knoblach | Litzendorf-Schammelsdorf
Hier serviert man fränkisches Carpaccio | 152

73 — Das Schloss Seehof | Memmelsdorf
Wo der Bischof Fürst war | 154

74 — Die Therme Obernsees | Mistelgau-Obernsees
Lass rocken: ausgezeichnet Schwitzen und Entspannen | 156

75 — NaturKunstRaum Neubürg | Mistelgau-Wohnsgehaig
Grüne Wellen, kleine Zwerge und ganz großes Glück | 158

76 — Neudrossenfeld | Neudrossenfeld
Das toskanische Dorf, die Kirche, das Schloss und der Storch | 160

77 — Die Synagoge | Neunkirchen am Brand-Ermreuth
Erinnerung ans jüdische Franken | 162

78 — Die Ruine Wolfsberg | Obertrubach
Aussichtsreiches Ziel im Trubachtal | 164

79__ Die Pegnitzquelle | Pegnitz
Forellentreff im frischen Nass | 166

80__ Die Brauerei Gradl | Pegnitz-Leups
Von Keckbrot und Klacksbrot | 168

81__ Das Deutsche Kameramuseum | Plech
Tausend Möglichkeiten, den Augenblick zu bannen | 170

82__ Die Aussichtsbank | Pottenstein
Wo das Bilderbuch Wirklichkeit ist | 172

83__ Das Felsenbad | Pottenstein
Bergseeoase mit Jugendstil | 174

84__ Die Teufelshöhle | Pottenstein
Wo der Stein tropft und die Fledermäuse hausen | 176

85__ Die Platte | Pottenstein-Hohenmirsberg
Dachterrasse der Fränkischen Schweiz | 178

86__ Das Museumsdorf | Pottenstein-Tüchersfeld
Fränkische Schweiz auf kleinstem Raum | 180

87__ Die Kirschengemeinde | Pretzfeld
Von Königinnen und einem vergessenen Maler | 182

88__ Der Röthelfels | Pretzfeld-Urspring
Mit Fuß- und Fingerspitzengefühl in die Senkrechte | 184

89__ Der Gügel | Scheßlitz
… und sein ewiges Gegenüber, der Giech | 186

90__ Der Tanzlinden-Radrundweg | Thurnau-Limmersdorf
Ungewöhnlichen Kirchweihbräuchen auf der Spur | 188

91__ Der Schlosspark | Unterleinleiter
Hier tummeln sich die Musen | 190

92__ Das Fliegenfischer-Zentrum | Waischenfeld
Geschicklichkeitsspiele am Flussufer | 192

93__ Die Heckel-Bräu | Waischenfeld
Haus des flüssigen Bernsteins | 194

94__ Die Pulvermühle | Waischenfeld
Das Treffen der Gruppe 47 | 196

95__ Der Kajak-Einstieg | Waischenfeld-Doos
Mit der Wiesent auf Tuchfühlung | 198

96__ Die Riesenburg | Waischenfeld-Doos
Gipfel der Romantik | 200

97__ Die barocke Wallfahrtskapelle Kappl | Waldsassen
Die Dreifaltigkeit, eine runde Sache | 202

98__ Die Stiftsbibliothek | Waldsassen
Wo man Dummheit und Ignoranz in die Augen schauen kann | 204

99 — Der Bierkeller | Weilersbach-Reifenberg
Der Schönste im ganzen Land | 206

100 — Der rätselhafte Radfahrer | Weismain-Kleinziegenfeld
Lebensgroße Puppe mitten im Magerrasental | 208

101 — Die Osterkrippe | Wiesenttal-Birkenreuth
Spezialität im Reigen der Osterbrunnen | 210

102 — Hubert Hunsteins Schmiede | Wiesenttal-Haag
Filigrane Arbeit im Rhythmus des Tangos | 212

103 — Der Goldne Stern | Wiesenttal-Muggendorf
Oder die Begegnung von Goethe mit Jean Paul | 214

104 — Das Stammlokal von Anthony Quinn | Wiesenttal-Muggendorf
Eine Liebesgeschichte | 216

105 — Die Burgruine Neideck | Wiesenttal-Streitberg
Hier wurde (romantische) Geschichte geschrieben | 218

106 — Der geologische Erlebnispfad | Wiesenttal-Streitberg
All-inclusive | 220

107 — Der Pavillon | Wiesenttal-Streitberg
Schirmherr des Kurorts | 222

108 — Die Burg von Ritter Eppelein | Wiesenttal-Trainmeusel
Sein Geist ist noch da | 224

109 — Der Druidenhain | Wiesenttal-Wohlmannsgesees
Natur, Kirche oder beides? | 226

110 — Felsengarten Sanspareil | Wonsees
Eine Märchenwelt ohnegleichen | 228

111 — Das Felsenlabyrinth | Wunsiedel
Naturwunder für alle Gesellschaftsschichten | 230

1 Die Burg Rabenstein
Zu schön, um gänzlich alt zu sein

Bin ich hier im Film? Kreischende Bussarde im Flug, im Hintergrund eine Burg. So empfängt die Homepage von Burg Rabenstein den Besucher. Die Vögel sind Fantasy, die Burg ist echt. Oder?

Natürlich, sie ist aus Stein und Mörtel, sie ist die Perle des Ailsbachtals, man kann sie im Rahmen von Führungen besichtigen – das sollte man auf jeden Fall tun! –, man kann in der Gutsschenke Brotzeit machen, im Restaurant fürstlich tafeln und in 22 höchst unterschiedlich gestalteten Hotelzimmern übernachten, man kann hier eine Traumhochzeit feiern und eine unvergessliche Silvesternacht verbringen. Aber, wir müssen es leider klarstellen, eine jahrhundertealte Ritterburg ist Burg Rabenstein nicht – oder kaum.

Denn nur wenige Reste sind übrig von der einst dreiflügeligen Renaissanceanlage, zu der Daniel von Rabenstein im 16. Jahrhundert die Vorgängerburg umbauen ließ, die bereits 400 Jahre zuvor begründet worden war. Dem Prachtbau war kein Glück beschieden. Hans Christoph von Rabenstein war im Dreißigjährigen Krieg Schwedensympathisant gewesen und hatte es zugelassen, dass die evangelischen Truppen die Gegend um Waischenfeld verwüsteten. Was wiederum das katholische Landvolk so erboste, dass es, kaum waren die Truppen weg, die Burg niederbrannte. Nur notdürftig bauten die Rabensteiner sie wieder auf, im 18. Jahrhundert starb ihr Geschlecht aus.

Einer der nachfolgenden Eigentümer, Franz Erwein Graf von Schönborn-Wiesentheid, wurde sehr rege, als 1829 König Ludwig I. seinen Besuch ankündigte. Er baute Teile der Burg königswürdig um und auf und richtete dem König in einer nahe gelegenen Höhle ein Bankett aus. Seitdem heißt diese Ludwigshöhle. Die Umgestaltung der Burg zu einem Tagungszentrum im historisierenden Stil besorgte ab 1976 der Reiseunternehmer Dr. Bauer aus Pottenstein. So steht sie heute da, genutzt als Burghotel, sehr schön, teilweise jung und doch sehr alt.

Adresse Rabenstein 33, 95491 Ahorntal, www.burg-rabenstein.de | **ÖPNV** ab Bayreuth (Goethestraße) Regionalbus 375, Haltestelle Schweinsmühle; ab hier circa 15 Minuten Fußweg | **Anfahrt** A 9, Ausfahrt Trockau, Ausschilderung »Burg Rabenstein«, Parkplatz neben der Burg | **Öffnungszeiten** Di–So 11–17 Uhr; Restaurant Di–So 18–21 Uhr | **Tipp** Gleich in nächster Nähe befinden sich die Sophienhöhle (empfehlenswert ist »Sophie at night« mit Lichtinszenierung und Musik, siehe www.burg-rabenstein.de), die Ludwigshöhle sowie eine Falknerei mit Flugvorführungen (siehe www.falknerei-rabenstein.de).

AHORNTAL

2 Die Klaussteinkapelle
Trost an düsteren Tagen

An manch trübem Tag, den es auch in der Fränkischen Schweiz zuweilen gibt, ist die Klaussteinkapelle der richtige Ort, das Gemüt zu erhellen. Farbenfroh empfängt einen der Innenraum und mit vielen, liebevoll aufeinander abgestimmten Details, die das Herz erfreuen. Darunter etliche Engel. »Ach Herr, lass dein lieb Engelein am letzten End die Seele mein in Abrahams Schoß tragen.« Diese Zeile aus dem Schlusschoral von Bachs Johannespassion mag einem angesichts jener himmlischen Schar in den Sinn kommen.

Tatsächlich war es genau ein Jahr, bevor der Leipziger Kantor seine Passion komponierte, im Jahr 1723, dass Johann Peter Albrecht von und zu Rabenstein die Kapelle im Stil der Zeit neu ausschmücken und weihen ließ. Er ahnte damals noch nicht, wie wichtig diese Engelsgestalten bald für ihn und seine Frau Eleonore werden sollten, die der Bildschnitzer Michael Doser am Kanzelaltar anbrachte.

Im 14. Jahrhundert, auf den Resten der früheren Burg Ahorn, 60 Meter hoch über dem Ailsbachtal, war die Klaussteinkapelle errichtet worden. Die Rundbogenfenster in den Seitenmauern erinnern noch an die romanischen Ursprünge.

Benannt ist sie nach ihrem Patron, dem heiligen Nikolaus. Weil das Kirchlein nur wenige hundert Meter von der Burg Rabenstein (siehe Seite 10) entfernt steht, diente es den Rabensteinern als Burgkirche.

Elf Jahre nach der Neuweihe erlebten Peter von Rabenstein und seine Frau das schrecklichste Jahr ihres Lebens: Ihre beiden einzigen Söhne, die das Kindesalter überlebt hatten, starben an den Pocken. An der neuen silbernen Glocke ließen sie eine Widmung zum Andenken anbringen. Die Kapelle wurde ihnen zum Trost-Ort.

Mit Peter von Rabenstein starb das Geschlecht der Rabensteiner 1742 aus. Aber auf der Empore baumelt noch immer das Glockenseil, und wenn Mesnerin Marga Neuner daran zieht, läutet das silberne Glöcklein wie ehedem.

Adresse Klausstein, 95491 Ahorntal | **ÖPNV** ab Bayreuth (Goethestraße) Regionalbus 375, Haltestelle Schweinsmühle; ab hier circa 15 Minuten Fußweg | **Anfahrt** A 9, Ausfahrt Trockau, Ausschilderung »Burg Rabenstein«; die Kapelle befindet sich noch vor der Burg links (Schildern folgen) | **Öffnungszeiten** im Sommer tagsüber beziehungsweise auf Anfrage bei Mesnerin Marga Neuner, Tel. 09202/360 | **Tipp** Besuchen Sie den Landgasthof von Gut Schönhof (Öffnungszeiten Mi–So 12–20 Uhr) mit Biohofladen, siehe www.gut-schoenhof.de.

3 Das Schloss Unteraufseß
Oder vom Potenzkampf zweier Brüder

Diese 1.500-Seelen-Gemeinde Aufseß kann irgendwie nicht genug bekommen. Hat sie schon vier Brauereien und damit einen Eintrag ins Guinnessbuch, gibt es hier nun auch noch zwei Schlösser. Schloss Unteraufseß direkt oberhalb des Ortes Aufseß und Schloss Oberaufseß ein Stück flussaufwärts am Fluss Aufseß.

Natürlich verhält sich die Geschichte umgekehrt, denn ohne die Schlösser hätte es nie einen Ort und ohne einen Ort nie Brauereien gegeben. Dennoch bleibt die Frage: Warum zwei Schlösser?

Nun, das Adels- und Rittergeschlecht derer von Aufseß hatte natürlich zunächst einmal nur eine einzige Burg, vermutlich im 12. Jahrhundert errichtet und im 14. Jahrhundert so riesig geworden, dass sie fast einer Stadt gleichkam. Dreimal wurde sie in Kriegen völlig niedergebrannt, das letzte Mal im Dreißigjährigen.

Und dann wurden die von Aufseß aufsässig und bauten sich gleich zwei Schlösser? Nein, dann brach in ihrer eigenen Familie der Krieg aus. 1677 gerieten die Brüder Friedrich und Karl Heinrich von Aufseß so in Streit, dass Letzterer sich schließlich 1690 ein eigenes Schloss errichtete. Er nannte es Oberaufseß, die Stammburg hingegen abschätzig Unteraufseß. Friedrich rächte sich, indem er auf einen Felsen oberhalb von Unteraufseß ein Rittergut setzen ließ, das er nun »Höchstaufseß« taufte. 1718 brannte es ab – und wurde nie mehr errichtet.

Seit dieser Zeit gibt es zwei Schlösser und zwei Familienlinien, die – mittlerweile versöhnt – ihre Energie nun vornehmlich auf Kulturleistungen verwenden. Hans von Aufseß (1801–1872) initiierte das Germanische Nationalmuseum, Hans Max von Aufseß (1906–1993) war ein bedeutender Schriftsteller. Die heutigen Barone zeigen die geschichtsträchtigen Anwesen gern der Öffentlichkeit im Rahmen von Führungen. Schloss Unteraufseß lädt außerdem zu Hochzeiten und Übernachtungen ein, Schloss Oberaufseß vermietet sein Torhaus als Ferienwohnung.

Adresse Schloss Unteraufseß, Am Weiher 79, 91347 Aufseß, www.schloss-unteraufsess.de; Schloss Oberaufseß, Oberaufseß 1, 91980 Aufseß, www.oberaufsess.de | **ÖPNV** ab Ebermannstadt (Bahnhof) Regionalbus 221 nach Heiligenstadt, Haltestelle Raiffeisenstraße, dann Regionalbus 975, Haltestelle Aufseß Brücke | **Anfahrt** von Bayreuth über B 22 und Staatsstraße 2186 nach Plankenfels, dann über Staatsstraße 2188 nach Aufseß; in Aufseß Parkplatz am Fuß des Schlossberges | **Öffnungszeiten** Führungen April–Okt. um 11 und 14 Uhr; in Schloss Oberaufseß nach Anmeldung | **Tipp** Wandern Sie mit der Markierung gelbes Kreuz das Aufseßtal entlang Richtung Draisendorf.

AUFSESS-HECKENHOF

4_ Die Kathi-Bräu
Kulttreff der Motorradfahrer

Der erste milde Windhauch. Die ersten warmen Sonnenstrahlen. Die erste Generalüberholung der geliebten Maschine. Sobald der Schnee der Vergangenheit angehört, können es die meisten Motorradfahrer nicht mehr erwarten, sich endlich wieder wie eine Schlange durch die kurvigen Berge zu winden. Genau das ist es, was das Motorradfahren in der Fränkischen Schweiz zu einem echten Erlebnis macht: viele Biegungen und Schleifen, in deren Schräglagen man auf seiner Maschine den heißen Asphalt beinahe riechen kann. Sie führen entlang der Wiesent, vorbei an zahlreichen Brauereien.

Als eingefleischter Biker sucht man aber vor allem eines dieser Brauhäuser auf – die Kathi-Bräu in Heckenhof. Die urige Atmosphäre zieht vor allem Motorradfahrer an. Wenn an heißen Sommertagen mal wieder Hochbetrieb auf den Straßen der Fränkischen herrscht und ein beständiges Summen die Stille durchdringt, dann ist der Parkplatz der Kathi-Bräu über und über gefüllt mit Motorrädern aller Klassen. Nach einer deftigen Brotzeit im schattigen Biergarten kann man sich dann wieder in die viel zu warme Lederkombi quälen, um gleich darauf durch ein rosa Meer blühender Kirschbäume entschädigt zu werden.

Aber auch für Wanderer ist die Kathi-Bräu ein interessanter Ort. Sie ist nämlich eine der vier Brauereien in der 1.500-Einwohner-Gemeinde Aufseß, die dieser den Guinnessbuch-Eintrag »Ort mit der weltweit größten Brauereiendichte« beschert haben. Ein 14 Kilometer langer Rundwanderweg verbindet diese vier Weltrekord-Brauereien.

Ob auf Schusters Rappen oder auf der Maschine sitzend, man kann in der Fränkischen nicht genug bekommen von neuen Eindrücken, seien es nun Burgen, Landschaftsbilder oder nur der besonders liebevoll gestaltete Garten eines alten Fachwerkhauses. Jean Paul brachte diese Fülle von Impressionen auf den Punkt: »Hier läuft der Weg von einem Paradies durchs andere.«

Adresse Heckenhof 1, 91347 Aufseß-Heckenhof | **Anfahrt** von Bayreuth über B 22 und Staatsstraße 2186 nach Plankenfels, dann über Staatsstraße 2188 Richtung Aufseß; etwa 3 Kilometer nach Hochstahl, Wegweiser links nach Heckenhof folgen | **Öffnungszeiten** Mo–So 9–23 Uhr | **Tipp** Die beliebteste Motorradstrecke ist das Ailsbachtal zwischen Behringersmühle und Kirchahorn.

5 Das Andere Museum
Der begehbare Zettelkasten des Joachim Schultz

Wenn es wahr ist, dass man eine Gesellschaft daran erkennt, was sie wegwirft, dann ist Joachim Schultz ein besonders achtsamer Mensch. Er sammelt, archiviert und ordnet ein, stellt aus. Und weil das auf Dauer das beste Wohnzimmer überfordert, hat er sich ein eigenes Museum dafür angemietet, das Andere Museum eben. In einem sonst unscheinbaren Innenhof befindet es sich und hat zwei Eingänge, einen für Wagnerianer, der gelegentlich von schweren Bildplakaten verrammelt ist, und einen für Jean Paul und Normalsterbliche.

Innen findet sich alles zu Wagner, Nippes und Devotionalien, Zeitungsartikel und Bücher, Fotos und Postkarten, das Theaterbuch der in Ungnade gefallenen Nike, und alles zu Jean Paul, Kitsch, Kunst und Kurioses wahllos nebeneinander. »Zusammenbringen, was nicht zusammengehört«, schrieb die »Frankenpost« über das ungleiche Paar, das eher spannungsvoll koexistiert und doch die Kraft ist, die Bayreuth im Innersten zusammenhält. »Endlich vereint!«, nennt Joachim Schultz die Ausstellung, und wer dabei Satirisches vermutet, liegt durchaus richtig.

Es ist eine täglich wachsende und wuchernde Sammlung. Gut möglich, dass sie dem Museumsgründer eines Tages zauberlehrlingshaft über den Kopf wächst. Denn was er auf Flohmärkten, Antiquariaten und Buchhandlungen sammelt, entzieht sich jeder kuratorischen Ordnung. Und doch ist hier wie sonst nirgends in der Stadt sichtbar, wie gegenwärtig Wagner und Jean Paul sind, was sie allein für einen Wust an Papier produzieren. »Meinen Zettelkasten« nennt Joachim Schultz sein Archiv, mit dem er die Arbeit vom »Kleinen Plakatmuseum« fortsetzt. Dessen Bestand ist ins städtische Kunstmuseum gewandert.

2014 wird es eine Ausstellung zu »1914« geben. Was der belesene Sammler davon bereits im Kopf hat, lässt wieder einen höchst ungewöhnlichen Blick auf die Dinge erwarten.

Adresse Friedrich-Puchta-Straße 12, 95444 Bayreuth | **ÖPNV** Buslinie 301, 321, Haltestelle Berliner Platz | **Öffnungszeiten** nach Vereinbarung unter Tel. 09246/273 | **Tipp** Nicht weit davon entfernt ist das Cineplex mit seinem aktuellen Filmangebot.

6 Das Antiquariat Liebermann
Kein Platz, sich umzudrehen

»Bücher sind schon immer meine Leidenschaft«, erzählt Dieter Liebermann. Schon als er noch berufstätig und für die Deutsche Rentenversicherung im ganzen Land unterwegs war, hat er die Zeit zwischen zwei Sitzungen genutzt, um nach seltenen Exemplaren zu suchen. »Biblioman« nennt der Antiquar (»Ich habe das nicht wirklich gelernt«) diese besondere Form des Jagens und Sammelns.

Freilich, die reiche Ernte droht ihn nun aus seinem schmalen Eckladen in der Brautgasse 2 förmlich rauszusprengen: An die 30.000 Exemplare, alt und neu und sehr alt, bis unter die Decke gestapelt, auf einer Fläche von 40 Quadratmetern. Man wundert sich nicht, wenn man vom einen oder anderen Stammkunden des Liebermann'schen Bücherkosmos hört, er habe sich darin nicht mehr umdrehen können. Dafür hat er dann womöglich ein handsigniertes Exemplar von »Narziss und Goldmund« gefunden, das bei Hesse selbst schon im Regal gestanden hat. Oder er stößt auf ein zerlesenes Bändchen Sartre, Camus, Simone de Beauvoir. Das Dreigestirn des französischen Existenzialismus schätzt Liebermann besonders.

Ausbalanciert wird der gewaltige Bücherfundus mit Schallplatten. Gutes, altes Vinyl, zerbrechlich, anachronistisch, kostbar. Die Operndirigate von Georg Solti, in Bayreuth kein Unbekannter, haben in Liebermanns Buch- und Plattenhöhle in Kassettenstärke überlebt. Daneben der Pop der 1960er und 1970er Jahre.

»Ganz früher war hier eine Bäckerei«, erzählt Liebermann, »dann wohnte Hans Schemm, der NS-Gauleiter, hier, und ich mach jetzt sozusagen das Gegenprogramm.«

Seit über drei Jahren ist der 1944 geborene Buchmensch nun in seinem Reich, er, der gern das »e« aus seinem Namen streicht und als Liber-Mann firmiert, was zwar nicht direkt Latein ist, aber immer noch beeindruckend klingt. Wie hieß es bei Camus? »Man muss sich Sisyphus als glücklichen Menschen vorstellen.« Wir ergänzen: »… und als Antiquar!«

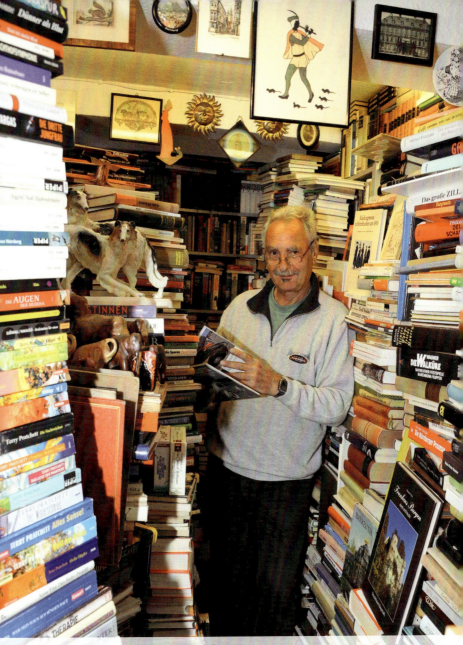

Adresse Brautgasse 2, 95444 Bayreuth | **ÖPNV** alle Busse, Haltestelle ZOH, anschließend zu Fuß via Eysserhauspassage, Marktplatz, Brautgasse | **Öffnungszeiten** Di–Fr 12–18 Uhr, Sa 10–14 Uhr | **Tipp** Im Kunstmuseum ganz in der Nähe gibt es interessante Wechselausstellungen zu sehen. Auch Stadt- und Spitalkirche sind nicht weit.

7 — Das Atelier Friedrich-Puchta-Straße

Vom Klavier, das im Atlantik schwimmt

Das Wichtigste kommt gleich am Anfang: Christa Pawlofsky zeigt mehrere Gläser mit leuchtenden Pigmenten: Ultramarin, Orange, Grün. Monochromer Staub, geradezu explodierend vor farbiger Strahlkraft. Ein sinnliches Paradies. Man fühlt sich an die Farbenpracht auf mediterranen Wochenmärkten erinnert. An Bilder von Nolde, Pechstein und Kirchner und ihre exzessive, rauschhafte Farbigkeit. Auch an Mark Rothko und seine ausschließliche Beschäftigung mit der Farbe mag der Betrachter denken.

Doch bei Christa Pawlofsky bleiben die Bilder gegenständlich, wie bei einem Blick auf die schier endlosen Motive in ihrem Atelier schnell deutlich wird. Da taucht, leicht verfremdet, Manets »Picknick im Freien« auf, nur dass hier die Männer nackt sind und nicht die Frauen. Da gibt es ein großformatiges Tableau, auf dem ein Klavier im Meer schwimmt (und möglicherweise untergeht, das Bild lässt es in der Schwebe).

»Da hat mich der Film ›Das Piano‹ von Jane Campion inspiriert«, erzählt die Künstlerin. So surreal das Bild anmutet, in der Regel sind es eher die kleinen Dinge des Alltags, die zur Bildidee werden. Die Dame, die ihr Hündchen mit einem Stück Salami füttert; Kühe, die auf einer Almwiese liegen; ein Mädchen im Bikini; eine Frau im flaschengrünen Kleid, die am Herd steht und in einem Topf rührt. Dazu witzige, die Alltäglichkeit des Vorgangs betonende Titel wie »Im nächsten Leben werd ich eine Kuh« oder »Vorsicht heiß«.

Vielleicht ist der Brotberuf der Künstlerin dafür verantwortlich. Christa Pawlofsky arbeitet als Psychoanalytikerin. Das schärft den Blick fürs scheinbar Nebensächliche, in dem sich nicht selten Unbewusstes offenbart. Das ist in ihrer Fotografie und bei der Theaterarbeit, die die Lehrbeauftragte an der Uni Bayreuth immer mal wieder übernimmt, nicht anders.

Adresse Friedrich-Puchta-Straße 20, 95444 Bayreuth | **ÖPNV** Bus 302, Haltestelle Luitpoldplatz | **Öffnungszeiten** nach Vereinbarung am besten per E-Mail unter christapawlofsky@gmx.de (www.pawlofsky.com) | **Tipp** Zum Shoppen ins Rotmain-Center ist es nur ein paar Minuten.

8 Das Auktionshaus Boltz

Wo Sarazen – der Hofnarr und die Villa Kunterbunt

Wo Sarazen – ein Außerirdischer? Ein Spinner? Von allem etwas? Das verzweifelte Kind, das sich selbst verloren hat (und gerade 90 geworden ist)? Das die Identitäten wechselt wie die langen weiten Mäntel, die es anzieht, einen nach dem anderen, und in denen es aussieht wie der alte König im Exil? Dann streift Wo Sarazen noch die goldene Kappe über und schaut wie der sterbende König bei Ionesco. Geht's noch, Majestät? Oder sollen wir die Rettung kommen lassen?

Wer seine Villa Kunterbunt alias Auktionshaus Boltz in der Brandenburger Straße besucht hat, weiß es nicht so recht. Ist er in einem Trödelladen, auf mehrere Etagen verteilt, oder in einer Künstlerwerkstatt, die nur mal aufgeräumt gehört? Und ist dieser Wo Sarazen alias Werner Baumann nun ein Schamane oder ein Scharlatan? Vielleicht einer aus der Schaumschlägerparade, die er einem gerade gezeigt hat? Könnte man meinen, wäre da nicht der Hintersinn, der immer wieder in seinen Aktionen zum Vorschein kommt. Zum Beispiel, wenn er vom Besuch beim Psychiater erzählt. Ob er denn an übersinnliche Erscheinungen glaube, habe der gefragt. »Natürlich«, habe er geantwortet und dann gesagt: »Hinter Ihnen steht gerade ein Geist!« Daraufhin habe sich der Psychiater doch tatsächlich umgedreht.

Wo Sarazen kichert und streicht sich die dünnen weißen Haare aus dem Gesicht. Plötzlich sieht er um Jahre jünger aus. Für einen kurzen Moment strahlt er. Der Hofnarr hat der Welt wieder mal den Spiegel vorgehalten, und sie hat sich darin erkannt. Wie peinlich! Wie schön! Was für ein unendlicher Spaß! Wie das Marylin-Monroe-Bett, das er auf dem Speicher hat. Oder die Wilhelmine-Bilder, mit denen er die Bayreuther provozierte, bis sie ihm endlich den Kulturpreis gaben. Schiller soll über Jean Paul gesagt haben, der komme ihm vor wie »ein aus dem Mond Gefallener«. Nach Lage der Dinge kann er damit nur Wo Sarazen gemeint haben.

Adresse Brandenburger Straße 36, 95448 Bayreuth, www.kunstverein-bayreuth.de, www.wosarazen.de | **ÖPNV** ab Hauptbahnhof Bayreuth Linie 301, Haltestelle Stuckberg | **Öffnungszeiten** nach Vereinbarung | **Tipp** Im selben Haus befinden sich das Auktionshaus Boltz und der Konzertsaal mit einem Bösendorfer-Flügel, wo öffentliche Konzerte stattfinden.

9 Das Café Kraftraum
Es geht hier nicht um Sport und Fitness

Auch das Café Kraftraum ist inzwischen eine Bayreuther Institution, nicht nur für Liebhaber von Verwechslungen. Hier gibt es alles (außer Fleisch), dazu eine Menge Bio und schräges Ambiente. Brunch im Kraftraum ist auch nicht von schlechten Eltern. Es gab vermutlich in der Geschichte des Kraftraums noch keine Besucher, die nicht zumindest eine kleine Bemerkung über die glorreiche Kombination aus Kronleuchter, rosa Glitzer-Hirschgeweih und 70er-Jahre-Tapete gemacht hätten. Und dann war man noch gar nicht in den bunt gefliesten Räumlichkeiten der Toilette und hat die witzige Postkartensammlung bewundert.

Was das Essen angeht, gibt es hier die Gelegenheit, unter anderem »Theo Waigel« oder »Gmaatsch« zu verspeisen. Man liest daher die Speisekarte möglicherweise sogar ganz durch, obwohl man bereits weiß, was man bestellen möchte. Alles wird frisch zubereitet. Es gibt auf der Tageskarte außerdem immer ein schnelles Tagesgericht und einen besonderen Nachtisch für Eilige und Naschkatzen gleichermaßen.

Auch bei der Auswahl der Getränke kann man gut und gern eine Weile überlegen. Glückstee, Dinkelbier und ja, auch ganz »normale« Cocktails wie Caipi, Cuba und Campari-O. Dummerweise klingt alles irgendwie interessant und probierwürdig. Es wird allerdings noch ausgezählt, wie viele verschiedene Sorten heiße Schokolade tatsächlich im Angebot sind.

Seit der Besitzer des Bayreuther »Underground« verstarb, fehlt der Stadt eine offen queere Kneipe. Daher findet man immer mehr nicht heteronormative Menschen im ohnehin etwas alternativen Kraftraum.

Für eingefleischte, pardon, echte Fans gibt es selbstverständlich auch T-Shirts käuflich zu erwerben: »Ich gehe täglich in den Kraftraum«. Klingt nach Weltanschauung, ist wohl auch eine. Und die Gemeinde wird täglich größer.

Adresse Sophienstraße 16, 95444 Bayreuth | **ÖPNV** Stadtbus 303, Haltestelle Sophienstraße | **Anfahrt** Da das Lokal in der Fußgängerzone liegt, ist es am besten fußläufig zu erreichen. | **Öffnungszeiten** Mo–Fr 8–1 Uhr, Sa, So 9–1 Uhr | **Tipp** Anschließend zum Wellness-Programm der Beauty Angels in der Von-Römer-Straße 26.

10 Die Dammallee Nummer 8
Oskar Panizza – ein Skandalautor wird ruhiggestellt

Das ist doch mal ein Stoff: Gottvater, ein tattriger, ewig schlecht gelaunter Greis, Jesus, ein debiler junger Mann, und die höchst abgebrühte Jungfrau Maria erfahren, dass es auf Erden drunter und drüber geht. Vor allem moralisch, also sexuell. Zentrum des zügellosen Treibens ist ausgerechnet der Vatikan. Da schließen sie einen Pakt mit dem Teufel, der mit Hilfe der verführerischen Salome die Syphilis über die Welt bringt. Als Erster wird Borgia-Papst Alexander infiziert, die Seuche breitet sich schnell über ganz Europa aus. Freilich, der Teufel lässt sich seine Dienste ordentlich honorieren: So bekommt er ein prächtiges neues Portal zur Hölle, besonders aber die Zusage, nach Belieben im Himmel und vor Gott predigen zu dürfen.

»Das Liebeskonzil. Eine Himmelstragödie in fünf Aufzügen« nennt Oskar Panizza sein 1894 erschienenes Stück. Die Staatsanwaltschaft reagiert und findet einen Leser, der bereit ist zu klagen. Es kommt zum Prozess, Panizza wird zu einem Jahr Gefängnis verurteilt und muss die Strafe absitzen. Anschließend ist der promovierte Nervenarzt ein gebrochener Mann. Nach Aufenthalten in München, Zürich und Paris beantragt er, von schweren psychischen Krisen gezeichnet, seine Einweisung in eine Nervenheilanstalt. Nach einigen Monaten wird er in ein Sanatorium in Bayreuth verlegt, wo er 1905 entmündigt wird. Das hindert ihn freilich nicht, während der 16 Jahre, die er in der Klinik bis zu seinem Tod 1921 verbringt, oft der Freundin Malwida von Meysenbug in der Dammallee einen Besuch abzustatten.

Panizza, 1853 in Bad Kissingen geboren, hat prominente Fürsprecher. Fontane nennt »Das Liebeskonzil« ein »ganz bedeutendes Buch«, Detlev von Liliencron gerät ins Schwärmen: »Kolossal. Nochmals: Geradezu kolossal.«

Doch es dauert über 70 Jahre, ehe das Stück 1969 in Paris uraufgeführt wird. Seitdem wird es immer mal wieder gespielt, auch hierzulande.

Adresse Dammallee 8, 95444 Bayreuth | **ÖPNV** Stadtbus 302, Haltestelle Friedrichstraße | **Tipp** Im Wintergarten des Café Florian lässt sich die Lektüre des »Liebeskonzils« sehr gut mit Kaffee und Cognac verbinden.

11 Das Deutsche Freimaurermuseum

Hinter dieser Pforte liegt eine andere Welt

Ziel des Museums ist nicht die reine Ausstellung von freimaurerischen Artefakten und Symbolen, sondern auch die Erklärung des freimaurerischen Gedankens und der Idee, die hinter der Gemeinschaft steckt. Und das funktioniert ganz gut, man kann ohne Vorwissen durch den Eingang kommen und das Haus mit einer guten Vorstellung von der Freimaurerei wieder verlassen. »Hinter dieser Pforte liegt eine andere Welt« steht an der Tür zum Museumsraum, und das stimmt auch.

Betritt man das schöne alte Haus der Bayreuther Loge »Eleusis zur Verschwiegenheit«, kann man sich gut vorstellen, dass die Freimaurer sich hier treffen. Ehrwürdig sieht es aus und gleichzeitig hell und freundlich. Hier betreiben also die Bayreuther Freimaurer seit 1902 ihr öffentliches Museum. Mit einer Unterbrechung: Nach der Plünderung durch die Nationalsozialisten wurde das Haus im Jahr 1954 wiedereröffnet.

Das Museum ist modern gestaltet, mit viel (mystischem) blauem Licht, und zeichnet die Geschichte der Freimaurer nach. Dabei werden besonders die Ethik und Philosophie des Bundes und die Werte und Tugenden erklärt. In drei Klangkabinen erfährt man sehr schnell, was es heißt, Freimaurer zu sein. Auch der Ritus und die Bräuche werden dargestellt und erläutert, teilweise auf interaktiven Bildschirmen. Die konstante Arbeit an sich selbst, Toleranz, Freiheit und Gerechtigkeit sind Ideale der Freimaurer. Der Mensch soll ethisch handeln und sich kritisch selbst hinterfragen.

Entgegen einiger populärer Darstellungen in Buch und Film existiert das »Geheimnis« oder »Geheimwissen« der Freimaurer gewissermaßen nicht. Sie sehen das Erlebnis der Gemeinschaft und Brüderlichkeit als ihr größtes Geheimnis. Die Verpflichtung zur Verschwiegenheit soll die Privatsphäre der Mitglieder schützen.

Adresse Im Hofgarten 1, 95444 Bayreuth (Zugang über den Hofgarten) | **ÖPNV** Bus 302, Haltestelle Wahnfried | **Öffnungszeiten** Di–Fr 10–12 und 14–16 Uhr, Sa 10–12 Uhr (bitte vorher anrufen unter Tel. 0921/69824) | **Tipp** Wenn Sie es bis hierher geschafft haben, sind Sie praktisch schon im Hofgarten und können das Neue Schloss mit seinem Führungsangebot besuchen.

12 Das Deutsche Schreibmaschinenmuseum

Schreiben, als es noch keinen PC gab

Wie verlassen es dasteht, das Deutsche Schreibmaschinenmuseum an der Hauptstraße in St. Georgen. Wie ein Überbleibsel aus einer vergangenen Zeit. Und das ist es ja auch mit seiner Sammlung. Eine Brücke aus dem Zeitalter der Handschrift in die Ära der Textverarbeitung, inzwischen ein lieb gewonnener Anachronismus, kaum noch anzutreffen in einem Büro. Einfach aus der Welt verschwunden wie die mechanische Kaffeemühle, der Nassrasierer oder das Telefon mit Wählscheibe. Und doch: In Bayreuth »leben« sie weiter, die Schreibmaschinen. Von Kulmbach kamen sie über verschiedene Stationen in Bayreuth an ihren jetzigen Standort. Sie wurden ursprünglich auch nicht als Museumsexponate zusammengetragen, sondern als Lehr- und Lernmittelsammlung für angehende Maschinenschreiblehrer.

Obwohl im Zweiten Weltkrieg viele Maschinen verloren gingen, konnte die Sammlung inzwischen wieder ergänzt werden. Wer also in Erinnerungen schwelgen oder seinen Kindern zeigen möchte, wie die Vorfahren Texte zu Papier brachten, der kann nach Anmeldung die über 400 Exponate ansehen. Die Sammlung reicht vom ersten Schreibapparat des Tiroler Zimmermanns Peter Mitterhofer von 1864 über die elektrischen Schreibmaschinen der 1960er Jahr bis zu den elektronisch gesteuerten Typenradmaschinen.

Auch wenn es so aussieht, das Schreibmaschinenmuseum befindet sich nicht im Dornröschenschlaf. Den Lehrer für Maschinenschreiben gibt es nicht mehr, wohl aber werden Lehrer für Textverarbeitung ausgebildet. Deshalb muss die Forschungs- und Ausbildungsstätte für Kurzschrift und Textverarbeitung auch die Ausstellung der neuen Zeit anpassen. Obwohl momentan Geld und Raum fehlen, hat man Computer der Anfangszeit eingelagert. Vielleicht werden sie eines Tages die Ausstellung ergänzen.

Adresse Hauptstraße/Ecke Bernecker Straße 11 (Eingang Inselstraße), 95448 Bayreuth | **ÖPNV** Bus 301, Haltestelle Sankt Georgen, oder die Linien 303, 308, 321, 328 bis 330 sowie 366 bis 369, Haltestelle Bernecker Straße | **Öffnungszeiten** nach tel. Vereinbarung Tel. 0921/23445 | **Tipp** Ein paar Schritte weiter sieht man das ehemalige Schloss samt Gefängnis. Im Anschluss daran kann man das Marineviertel aus der Zeit der Seeschlachten erkunden.

13   Das ehemalige Wirtshaus Angermann

Der Fall Wagner: Nietzsche in Bayreuth I

Im »Fall Wagner«, 1888 geschrieben, also ein gutes Jahr vor der geistigen Umnachtung, läuft Nietzsche noch einmal zu großer Form auf, zieht alle Register seiner Formulierungskunst, lässt bestes Feuilleton aus der Feder fließen. Wüsste man es nicht besser, nie käme man auf die Idee, hier versuche jemand, Abschied zu nehmen, eine unglückliche Liebe zu verarbeiten. Denn genau das war Wagner für den Philosophen, seit er ihn 1869 in Tribschen bei Luzern kennengelernt hatte: eine unglückliche Liebe. Lou Andreas-Salomé, Cosima Wagner, Richard Wagner, Arthur Schopenhauer vielleicht noch – das waren die Fixsterne für einen, der sich durchaus selbst für einen Fixstern hielt.

Als sie einander noch lieb hatten, die beiden Titanen, 1874, als Nietzsche in Bayreuth und zu Gast bei den Wagners in der Villa Wahnfried war, da zog er jeden, dessen er habhaft werden konnte, in eine stille Ecke und schwärmte ihm in geradezu rauschhafter Sprache von Wagner vor. Auch in diversen Bierlokalen warb Nietzsche für den Freund, so in dessen Lieblingslokal Angermann, an das heute nur noch eine Gedächtnistafel erinnert.

Dann, nicht weniger hymnisch, die Kehrtwende. Im Juli 1876 hatte Nietzsche den Rummel um die Festspiele miterlebt und war nach wenigen Tagen angewidert abgereist, gekränkt nicht zuletzt durch Wagners Desinteresse an seiner Person. Nun bezeichnete er Wagner als »Krankheit«, als »Neurose«, als »Meister hypnotischer Gifte«, dessen Musik »schwitzt«. Und weiter: Seine Instrumente »überreden selbst noch die Eingeweide … bezaubern das Rückenmark«. Fazit all der funkelnden Tiraden: Wagner vermehre nur »die Erschöpfung« und: »Dass man sich nicht gegen ihn wehrt, das ist selbst schon ein Zeichen von décadence.« Da hasste einer, weil er nicht mehr lieben konnte.

Blick in die Kanzleistraße mit der 1893 erbauten Post (links). Hier standen vorher zwei Wirtshäuser: „Weißes Lamm" und Richard Wagners Stammlokal „Angermann", die beide 1892 abgerissen wurden.

View of the Kanzleistraße with the Post Office built in 1893 (on the left). In earlier times two famous inns were here: "Weisses Lamm" and Richard Wagner's favourite pub "Angermann". Both were demolished in 1892.

Adresse Villa Wahnfried, Richard-Wagner-Straße 48, 95444 Bayreuth, beziehungsweise Maximilianstraße (Gasthaus Angermann) | **ÖPNV** Bus 302, Haltestelle Wahnfried, die Maximilianstraße erreichen sie zu Fuß (Fußgängerzone) | **Tipp** Wandern Sie die Maximilianstraße entlang. Hier gibt es viele historische Gebäude, wie zum Beispiel die Mohrenapotheke.

BAYREUTH

14 Die Eremitage
Ein Schloss, ein Garten, eine Zauberwelt

Kaum ist ein Franzose da, schon wird es galant. »Ehedem mussten Dichter und Künstler nach Neapel, Florenz oder Ferrara wallfahren, jetzt ist ihr Ziel Bayreuth.« Von keinem Geringeren als Voltaire stammt die Schmeichelei. Im September 1743 besuchte er Markgräfin Wilhelmine in Bayreuth und war offenbar très enchanté, sehr erfreut.

Die komponierende, malende und schreibende Markgräfin und der Zauber der Eremitage, das war so recht nach seinem Geschmack. Er ließ sich sogar dazu hinreißen, gemeinsam mit ihr Theater zu spielen, in Racines zu Recht vergessenem Stück »Bajazet«. Im Redoutenhaus, das Markgräfliche Opernhaus gleich daneben gab es noch nicht, ging das denkwürdige Spektakel über die Bühne. Voltaire, nach Berichten von Zeitgenossen ein hervorragender Schauspieler, schrieb selbst 56 Theaterstücke.

Doch zurück zu Wilhelmine und ihrer Eremitage. Am 3. Juli 1735 bekam sie das prächtige Ensemble samt Park von ihrem Ehemann Markgraf Friedrich als Geburtstagsgeschenk. Ursprünglich sollte dort das »einfache Leben« eines Eremitenordens, dessen Superior der Markgraf selbst war, nachgespielt werden. Also Mönchskutten, winzige, schmucklose Schlafstätten, Holzlöffel und Holzgeschirr bei den frugalen Mahlzeiten. Ein merkwürdig asketischer Kontrast zum äußeren Prunk.

Doch Wilhelmine schwebte Höheres vor. Bereits 1750 ließ sie die namhaften Architekten Gontard und Saint-Pierre mit dem Bau des Neuen Schlosses beginnen. Die halbkreisförmige Orangerie mit ihren Arkaden entstand, in der Mitte überwölbt vom achteckigen Sonnentempel mit einem vergoldeten Wagen auf dem Dach, in dem, so will es die Mythologie, Apoll sitzt und sein Reich verlässt, um die Welt zu erleuchten – eine freundliche Reverenz an den eigenen Ehegatten. Im Park edle Gartenbaukunst, ein Theater, die Untere Grotte und das Grab von Folichon, Wilhelmines Lieblingshündchen.

Adresse Eremitage 4, 95448 Bayreuth, www.schloesser.bayern.de | **ÖPNV** Bus 302 und 303, Haltestelle Eremitage | **Öffnungszeiten** April–Sept. täglich 9–18 Uhr, Wasserspiele ab 1. Mai; Führungen alle 45 Minuten, Okt.–März nur der Park | **Tipp** Den gleichen Ort anders erleben: Buchen Sie eine Führung mit der Märchenfrau Andrea Gisder, Tel. 09108/588280, vor allem wenn Sie Kinder dabei haben.

BAYREUTH

15 Das Franz-Liszt-Museum
Komponist, Pianist, Dirigent – die Dreifachbegabung

Liszt, Liszt, Liszt und kein Ende. Ein Mann, ein Fotoalbum. Der wahrscheinlich meistfotografierte Komponist überhaupt, sagt die freundliche Dame am Eingang zum Franz-Liszt-Museum, einen Steinwurf nur entfernt vom Haus Wahnfried gleich nebenan. Auf fast allen Fotos allein, die immer gleiche Pose, das edle, kantig-entschiedene Profil, die langen schlohweißen Haare, die elegante stilisierte Kleidung, der Frack, die weiße Hemdbluse mit dem weiten Kragen, Halstuch oder Konzertfliege, die Miene unbeweglich, den Blick ins Unbestimmte gerichtet, jedenfalls nicht auf den Betrachter. Der Komponist als musikalische Ikone. Gestatten, Liszt, Klaviervirtuose und Tonsetzer, Vater von Cosima und Schwiegervater von Richard Wagner, weltläufiger Dandy und Frauenschwarm, einer der Großen in der Musikwelt.

Das Franz-Liszt-Museum hat einen Vorzug: Der Komponist lebte in dem Haus tatsächlich. Wenn er in Bayreuth war, stieg er hier ab. So auch 1886, als er, bereits schwer krank, zu den Festspielen reiste. Es waren die ersten nach Wagners Tod, Tochter Cosima trug die Verantwortung und wünschte sich den Beistand des Vaters. Am 31. Juli, kurz nach der Eröffnung, starb Liszt an den Folgen einer Lungenentzündung. Das Sterbezimmer kann im Museum besichtigt werden.

Ein Raum ist dem Verhältnis Liszt–Wagner gewidmet: Von Anfang an, als Wagner noch steckbrieflich gesucht wurde und im Schweizer Exil lebte, hatte die beiden eine innige Freundschaft verbunden, die erst in die Krise geriet, als Wagner ihm gestand, mit Cosima liiert zu sein. Da zog sich Liszt indigniert zurück. Erst 1872 lebte die Freundschaft wieder auf.

Der Tenor im Museum dazu: Ohne Liszts Unterstützung, künstlerisch wie vor allem finanziell, wäre Wagner nicht der geworden, der er ist. Sven Friedrich, Leiter der Museen Liszt, Jean Paul, Wagner, ist sich sicher: »Auch die Festspiele hätte es nicht gegeben.«

Adresse Wahnfriedstraße 9, 95444 Bayreuth | ÖPNV Bus 302 und 307, Haltestelle Wahnfried | Öffnungszeiten Sept.–Juni täglich 10–12 Uhr und 14–17 Uhr; Juli, Aug. täglich 10–17 Uhr | Tipp Und wer Peinlichkeiten nicht scheut, der besichtigt den Bauzaun rund um Wagners Villa Wahnfried, pünktlich zu dessen 200. Geburtstag und darüber hinaus.

16 — Die Friedrichstraße

Mozart an seine Jugendliebe: die Bäsle-Briefe

»… Nun leben sie recht wohl, ich küsse sie 10000mahl und bin allzeit der alte junge Sauschwanz.« Der Brief mit dem erfrischenden Gruß landete im November 1777 in einem Augsburger Briefkasten. Geschrieben hatte ihn Wolfgang Amadeus Mozart, die Empfängerin war Maria Anna Thekla Mozart, die Cousine, auch Bäsle genannt, an guten Tagen sogar Bäsle-Häsle. Sie hatten sich im selben Jahr erstmals getroffen und offenbar heftig ineinander verliebt.

Zwei Jahre später begleitet das Bäsle, das als schön, liebenswert, klug, humorvoll und lebenslustig beschrieben wird, Mozart zehn Wochen auf seiner Reise von München nach Salzburg, wo es sich wohl die Heirat mit ihm erhofft. Doch es wird nichts daraus, die Beziehung kühlt ab, im März 1781 sehen sich die beiden ein letztes Mal in Augsburg.

Bliebe nachzutragen: Drei Jahre später brachte das Bäsle eine uneheliche Tochter zur Welt, deren Vater ein leibhaftiger Domkapitular war, der sich jedoch, wie es sich für einen Gottesmann ziemt, liebevoll um sie kümmerte. Heiraten aber konnte er das Bäsle denn doch nicht. Maria Anna Thekla Mozart blieb so ihr Leben lang unverheiratet. Ab 1814 lebte sie in Bayreuth in der Friedrichstraße, wo sie 1841 starb; die Tochter folgte ihr nur 15 Monate später. Begraben sind beide auf dem Stadtfriedhof, die Gräber sind jedoch nicht mehr auffindbar.

Die Bäsle-Briefe zeigen den vielleicht privatesten Mozart, sicher aber einen übermütig verliebten. »Gehorsamster Diener, mein Arsch ist ein Wiener« reimt er, und am 5. November 1777 empfiehlt er dem Bäsle, ins Bett zu scheißen, »daß es kracht«. Er genießt es, vulgär zu sein, vor sich und der Geliebten die Hosen runterzulassen, das Enfant terrible zu geben. Man kann sich davon anstecken lassen, auch das Vulgäre hat seine befreiende Kraft.

Wunderbar illustriert auf Büttenpapier hat die Bäsle-Briefe der Nürnberger Maler und Zeichner Michael Mathias Prechtl.

MARIANNE THEKLA MOZART
DAS ·AUGSBURGER BÄSLE· VON
WOLFGANG AMADEUS MOZART
LEBTE IN DIESEM HAUSE VON 1814
BIS ZU IHREM TODE IM JAHRE 1841

Adresse Friedrichstraße 15 (Alte Postei), 95444 Bayreuth | ÖPNV Stadtbus 302, Haltestelle Stadthalle | Tipp An Mozarts Bäsle erinnert eine dekorative Gedächtnistafel über dem Hofeingang um die Ecke. Außerdem ist in der Stadthalle gegenüber auch immer wieder ein Werk des Salzburgers zu hören.

17 Die Gedächtnistafel Max Stirner

Ein Anarchist aus bürgerlichem Hause

Marx ging er ziemlich auf die Nerven, Engels zeichnete ihn mehrfach, mal mit Zigarette, mal ohne, der Philosoph Husserl rühmte die »versucherische Kraft« seines Denkens, die Anarchisten stritten sich, ob er nun zu ihnen gehöre oder doch eher nicht, und heute ist er weitgehend vergessen: der Philosoph Max Stirner, 1806 in Bayreuth am Marktplatz geboren unter dem Allerweltsnamen Johann Caspar Schmidt.

Der Anfang war alles andere als komfortabel: Der Vater, ein Holzblasinstrumentenbauer, starb früh, die Mutter heiratete bald wieder, zog dann nach Westpreußen und gab das Kind zu Pflegeeltern. Der kleine Johann ging in Bayreuth zur Schule, später dann ins Christian-Ernestinum, ein renommiertes Gymnasium. 1826 dann der Umzug nach Berlin, wo er unter anderem bei Hegel und Schleiermacher Philosophie studierte. Ab 1839 arbeitete Max Stirner, wie er sich inzwischen nannte, als Lehrer an einer Mädchenschule. Vergessen und in materieller Armut starb er 1856 in Berlin.

Stirner ist ein vir unius libri. Soll heißen: ein Mann, der nur durch ein einziges Buch bekannt wurde. Der Titel: »Der Einzige und sein Eigentum«, erschienen 1845 und umgehend verboten, weil »zu radikal«. Der Philosoph feiert darin den autonomen Menschen, der keine Instanz über sich duldet. Was Freud Jahrzehnte später das »Über-Ich« nennen wird, ist bei Stirner das »Jenseits in Uns«.

»Mir geht nichts über Mich« ist als Ausspruch von ihm überliefert, was viele, darunter Karl Marx, als Einladung zum zügellosen Egoismus verstanden. Während dies ein eher absichtsvolles Missverständnis war, sind Versuche, ihn mit der Existenzphilosophie Sartres in Verbindung zu bringen, interessant und nicht von vornherein abwegig (www.projektmaxstirner.de). Heute erinnern an Stirner eine Straße und die Gedächtnistafel.

Adresse Maximilianstraße 31, 95444 Bayreuth | **ÖPNV** Bus 301, Haltestelle Rotmainhalle | **Tipp** Seit 2002 gibt es in Hummeltal bei Bayreuth eine Max-Stirner-Gesellschaft, die versucht, sein Werk vor dem Vergessen zu bewahren.

BAYREUTH

18 Der Grüne Hügel und das Festspielhaus

Was die Wagner-Welt im Innersten zusammenhält

»Tristan mit Rindsrouladen« titelte die Süddeutsche Zeitung 2010. Da ging es um ein still vor sich hin bröckelndes Festspielhaus, Wasser, das durch die Decke tropft, sanitäre Anlagen, die über 50 Jahre alt sind, und Musiker, die in der Gastwirtschaft nebenan proben müssen. Ulf Klausenitzer, damals 31 Jahre Geiger im Festspielorchester, einige Zeit als Orchestervorstand, hatte sich hilfesuchend an die Öffentlichkeit gewandt.

Denn so kennt man das weltweit einzige Haus, das dem Werk eines einzigen Künstlers gewidmet ist: phantastische Akustik, ein diskret versenkbares Orchester im Graben, davor der nach Art des klassischen Amphitheaters ansteigende Zuschauerraum mit, na ja, krachend harten Holzsitzen. Ein unbequemer, ein auratischer Ort.

Künstlerisch das Beste, was die Opernwelt jeweils zu bieten hat: von Patrice Chéreau und seinem »Jahrhundertring« über Harry Kupfer, Marthaler und Heiner Müller bis zum Buh-Orkan bei Schlingensiefs »Parsifal«. Von Furtwängler bis Pierre Boulez und Thielemann, von Martha Mödl und Waltraud Meier bis zu Wolfgang Koch und Torsten Kerl: alle friedlich vereint im Dienste am Wagner'schen Gesamtkunstwerk. Eine Art Opern-WM, die Meistersinger-Festwiese, leicht abgewandelt. Dabei gilt – im Prinzip – noch immer des Meisters Credo: »Wer nicht aus Ehre und Enthusiasmus zu mir kommt, den lasse ich, wo er ist.« Soll heißen: Das große Geld verdient man woanders.

Ein Blick in die Statistik der Festspiele (Eröffnung 1876 mit dem »Ring des Nibelungen«) zeigt, dass die Rechnung aufgeht: Über 460.000 Kartenwünsche aus aller Welt gibt es jedes Jahr, knapp 54.000 davon können erfüllt werden. Für den Rest müsste man über 200 Vorstellungen zusätzlich anbieten. Das aber will so recht niemand.

Adresse Festspielhügel 1–2, 95445 Bayreuth | **ÖPNV** Bus 305, Haltestelle Am Festspielhaus; zu Fuß 20 Minuten aus der Stadtmitte | **Öffnungszeiten** (in der Regel) 25. Juli – 28. Aug. (Festspielzeit), Führungen außerhalb der Festspielzeit zu wechselnden Zeiten | **Tipp** Auf dem Weg zum Grünen Hügel lassen sich die beiden Gräber von Cosima und Richard Wag ner bei der Villa Wahnfried besuchen.

19 Das Hans-Walter-Wild-Stadion

Fußballarena und Campinos Konzertbühne

Ob Michael Jackson, Rod Stewart, Bon Jovi, Peter Maffay oder Campino und die Toten Hosen: Das Hans-Walter-Wild-Stadion in Bayreuth ist ihnen ein Begriff. Sie sind hier aufgetreten (oder werden auftreten) und sehen es als angenehme Alternative zum Konzertsaal. Viele ihrer meist jugendlichen Fans sehen es ähnlich: Einmal nicht Grüner Hügel, sondern grüner Rasen, Rock & Pop statt Klassik & Oper, »Altes Fieber« statt »Fliegender Holländer«, echt cool, eyh!

Das ist die eine Seite: das ehedem als Leichtathletikarena entworfene Stadion als Eventbühne, als Auftrittsort für Bands der Extraklasse. (Irgendwann vielleicht auch mal als Kabarettbühne wie die Berliner Waldbühne.)

Die andere Seite sind die Sportveranstaltungen: Fußball, Leichtathletik, Start und Ziel bei Stadtläufen und Ähnlichem. In ferner Zukunft vielleicht einmal die Heimspiele der SpVgg Bayreuth in der 2. Bundesliga, gegen attraktive Gegner, Karlsruhe, Köln, Hertha BSC. Ganz undenkbar ist auch das nicht.

Hans-Walter Wild, dem Namenspatron und ehemaligen Oberbürgermeister, wäre es wohl sehr recht. Er hat sich in seiner Amtszeit (1958–1988) sehr für den Sport eingesetzt und den Bau der Sportstätte, die damals noch Städtisches Stadion hieß, vorangetrieben. Erbaut wurde es 1967 als Sportpark mitten in der Stadt mit Hallenbad, Eisstadion und multifunktionaler Oberfrankenhalle. 1974 kam eine überdachte Sitztribüne hinzu. Aktuell bietet es Platz für 21.500 Zuschauer, von denen 3.500 sitzen können. Sportlicher Höhepunkt war das 1:0 der SpVgg Bayreuth im DFB-Pokal 1980 gegen den FC Bayern München. 2002 dann schließlich die Umwidmung in Hans-Walter-Wild-Stadion. Seitdem mehrere Frauen-Länderspiele und Kurioses wie eine Schäferhundprüfung.

Adresse Am Sportpark 3, 95448 Bayreuth | **ÖPNV** Bus 302, Haltestelle Oberfrankenhalle | **Anfahrt** A 9, Ausfahrt Bayreuth-Süd, Universitätsstraße, Cosima-Wagner-Straße, Hohenzollernring, Albrecht-Dürer-Straße, Friedrich-Ebert-Straße | **Öffnungszeiten** während der Veranstaltungen | **Tipp** Das Internationale Jugendkulturzentrum in der Äußeren Badstraße 7a bietet ein anspruchsvolles Crossover-Programm.

20 Der Herzogkeller und die Katakomben

Ganz einfach: DER Bayreuther Biergarten

Im Sommer gibt es bei gutem Wetter eigentlich nur diese beiden Möglichkeiten: Badesee oder Herzogkeller. Während der Aktienkeller mit Zugang zu den Katakomben tatsächlich unter der Erde liegt, kann man im Herzogkeller den Bayreuther Sommer draußen genießen. Eigentlich fast noch in der Innenstadt gelegen, ist er einer der größten und schönsten Biergärten Bayreuths. Sobald es warm wird, pilgern die »Bareither« wieder in Strömen zum Klassiker Herzogkeller, um hier in fränkischer Tradition ihr wohlverdientes kühles Getränk durch die Gurgel rinnen zu lassen.

Hier ist einfach Franken und die viel gerühmte fränkische Gemütlichkeit: Man darf es sich gut gehen lassen. Das geht auch ganz leicht, man schnappt sich einen Platz – das ist je nach Wetterlage und Uhrzeit mehr oder weniger kompliziert, teilweise auch Verhandlungssache –, holt sich ein Bier und eine Brotzeit und erfreut sich am Wetter und der (hoffentlich guten) Gesellschaft. So einfach kann das Leben sein.

Die historischen Felsenkeller der Aktien-Katakomben sind über die Kulmbacher Straße zu erreichen. Es gibt einen Durchgang, der rechts am Eingang des Herzogkellers vorbeiführt und einem ein gutes Stück Weg erspart. Bei der Führung werden Geschichten aus dem Bayreuther Untergrund erzählt, vom Bierbrauen und -lagern, wofür die Katakomben einst genutzt wurden und von der Zeit während des Zweiten Weltkrieges, in der einige Bayreuther in den Gängen Schutz vor den Bombenangriffen gesucht und wohl auch gefunden haben. Wer Höhlen und unterirdische Gänge mag, wird auch die Katakomben interessant finden. Es sollte auch im Sommer auf sinnvolles Schuhwerk und nicht zu leichte Kleidung geachtet werden, in den Katakomben kann es rutschig und kühl werden. Und selbstverständlich gibt es am Ende eine Einkehr ins Braustübl.

Adresse Hindenburgstraße 9, 95445 Bayreuth | **ÖPNV** Stadtbus 303, Haltestelle Hindenburgstraße | **Anfahrt** B 22 oder B 85 zur B 2 (Nürnberger Straße), Hohenzollernring, Am Mainflecklein; am besten geht man in den Biergarten zu Fuß | **Öffnungszeiten** je nach Witterung; Führungen durch die Katakomben Mo–So 16 Uhr (auch an Feiertagen) | **Tipp** Ein Besuch von Maisel's Brauerei & Büttnerei-Museum gehört unbedingt dazu.

BAYREUTH

21 Das Hotel Goldener Anker
Pfingstreise – Wie die Romantik begann

Es ist eine der großen Reisen in der Literaturgeschichte: die »Pfingstreise«, die Wilhelm Heinrich Wackenroder und Ludwig Tieck im Jahr 1793 unternahmen: von Erlangen durch die Fränkische Schweiz, den Frankenwald und das Fichtelgebirge bis nach Bayreuth.

Die Briefe und literarischen Zeugnisse, in denen sie sich niederschlug, gelten nicht zu Unrecht als Auftakt zur Romantik. Wackenroder und Tieck, die beide, 20-jährig, aus dem umtriebigen Berlin ins beschauliche Erlangen geflohen waren, wo sie Jura studierten, nahmen es dabei mit der Wahrheit nicht so genau. Mit dem Pferd seien sie unterwegs, schrieb Tieck, was reines Wunschdenken war. Bei Wackenroder fuhren sie zur Beruhigung des offenbar überängstlichen Vaters in der Kutsche. Tatsächlich jedoch waren sie auf Schusters Rappen unterwegs, auch darin stilprägend für die folgende Epoche.

Ebermannstadt, Streitberg, Hollfeld, Wonsees und das eine oder andere Bergwerk waren ebenso Stationen wie Schloss Fantaisie und Bayreuth, wo die beiden im renommierten Hotel Goldener Anker abstiegen, einer Nobelherberge mit Art-déco-Räumen. Weiter ging es dann nach Bad Berneck, wo Tieck ins Schwärmen geriet: »Diese Gegend hier ist die schönste, die ich auf der ganzen Reise gefunden habe.« Einiges davon wird später in den Roman »Franz Sternbalds Wanderungen« einfließen.

Zunächst jedoch geht es um die »Herzensergießungen eines kunstliebenden Klosterbruders«, in denen Wackenroder die Kunst als eigentliche und wahre Religion preist (und ganz nebenbei den lange vergessenen Dürer wiederentdeckt), und um die »Phantasien über die Kunst«, wo Tieck ironisch-amüsant drauflosplaudert.

»Die Poesie heilt die Wunden, die der Verstand schlägt«, heißt es bei Novalis, einem anderen Romantiker. Der Satz könnte leitmotivisch über der ganzen Epoche stehen.

Adresse Opernstraße 6, 95444 Bayreuth | **ÖPNV** Regionalbus 328, Haltestelle Luitpoldplatz | **Anfahrt** A 9, Ausfahrt Bayreuth-Süd, Universitätsstraße, Cosima-Wagner-Straße, Hollenzollernring | **Öffnungszeiten** täglich 24 Stunden | **Tipp** Der La-Spezia-Platz mit dem Mühlbach gehört zu Bayreuths gelungenen Plätzen.

22 Das Jean-Paul-Museum
Der alte Luftschiffer im neuen Haus

Einen »Kosmonaut mit Winkelsinn« nennt die Schriftstellerin Brigitte Kronauer Jean Paul. Soll wohl heißen: Da hat einer die ganze Welt, ja, den gesamten Kosmos im Blick, vergisst aber nicht, woher er kommt. In seinem Fall also das Pfarrhaus in Wunsiedel. Dieser Blick hilft ihm, sich den Sinn dafür zu bewahren, dass unser Leben sich im Allgemeinen nicht auf der großen Weltbühne abspielt, sondern im unscheinbaren Winkel, in den Falten der großen Landkarte.

Jean Pauls Figuren sind Winkelfiguren, seine Orte Winkelorte, Fluchtorte, Schattenorte. Herbarien des Wunderlichen und Kauzigen, Schrägen und Absonderlichen, Wunder auf den zweiten Blick. Sichtbar geworden in berührenden Alltagsbeobachtungen: Die junge Frau, die der Alten, Gichtkranken die Finger ineinanderschiebt, damit sie beten kann. Oder der Herr van der Kabel aus Haßlau, der in seinem Testament demjenigen sein Haus zu vererben verspricht, der bei der Testamentseröffnung als Erster weint. Oder der Luftschiffer Giannozzo, der erst frei atmen kann, als er alle Begleiter rausgeschmissen hat.

Sie sind typische Jean-Paul-Geschöpfe: wunderlich, berührend, hintersinnig-humorvoll – und nicht ganz von dieser Welt. Begegnen kann man ihnen im neu gestalteten Jean-Paul-Museum, nur ein paar Schritte von der Villa Wahnfried entfernt. Mit einem Audioguide ausgerüstet, kann man sich da in die Welt des Autors begeben, seine Briefe lesen, die Haarlocken für seine Verehrerinnen bestaunen (gelegentlich musste auch der Pudel für Nachschub herhalten), Ausschnitte aus »Dr. Katzenbergers Badereise« und aus dem »Siebenkäs« hören – um nicht zuletzt bei der »Rede des toten Christus« einem wortmächtigen, gescheiten und von seiner Phantasie geradezu bedrängten Autor zu begegnen.

Es mag ja sein, dass Jean Paul für uns Heutige immer unlesbarer wird: Diese Rede jedoch wird ein Juwel bleiben, geistes- wie literaturgeschichtlich.

Adresse Wahnfriedstraße 1, 95444 Bayreuth | **ÖPNV** Bus 302 und 307, Haltestelle Wahnfried | **Öffnungszeiten** Juli–Aug. 10–17 Uhr; Sept.–Juni 10–12 und 14–17 Uhr | **Tipp** Wer es gern etwas ruhiger hat, sollte einen der vielen Zugänge zum Roten Main wählen, zum Beispiel am Hans-Walter-Wild-Stadion oder an der Rotmainhalle! Hier findet er Erholung pur.

BAYREUTH

23 — Jean Pauls Wohnsitz
Ein Haus, ein Garten, ein Hundewaschbrunnen

Hier also lebte ab 1813 der Mann, der zu seiner Zeit so berühmt wie Goethe war und vielen als der wortmächtigere Autor galt. Mit dem Roman »Hesperus« hatte er sich eine große Fangemeinde erschrieben, darin dem »Werther« durchaus vergleichbar. Beide hatten ihre besten Bücher noch vor sich, und doch lassen sich größere Unterschiede kaum denken. »Goethe hat ein Programm. Jean Paul eine Existenz«, schreibt Martin Walser und macht deutlich, wem seine Sympathie gilt.

Im Streit war Jean Paul bei seinem letzten Vermieter in der Maximilianstraße ausgezogen. Grund: Die Dienstmagd hatte angeblich seinen Weinkeller geplündert. Ein Delikt, bei dem der Autor keinen Spaß verstand. Weiterer Grund: Der Vermieter war Apotheker gewesen, und die konnte Jean Paul sowieso nicht leiden. Ein »rachsüchtiger Schurke« sei das, schrieb er im nächsten Buch.

Am neuen Domizil genoss er die herrschaftlich-barocke Umgebung und wie lang und breit und schnurgerade die Straße war, nicht so ein »Gassengedärm wie in Nürnberg«. Besonders aber der Garten hatte es ihm angetan. Der sei »besser für meine Lunge und meinen Kopf als jede Arznei«, schrieb er. Oft sitzt er in der Laube, hört dem Wind in den Bäumen zu, wenn der durch die aufgehängten Äolsharfen fährt, und arbeitet. Auch allerlei Getier hält er sich: Eichhörnchen, Mäuse, Laubfrösche, sogar eine Kreuzspinne, für die er aus Pappe und Glas eine Schachtel bastelt und eigenhändig Fliegen fängt. Vor allem jedoch kann Ponto, der Pudel, am Pumpbrunnen gewaschen werden, wenn wieder mal eine Verehrerin eine Locke vom Haupt des Dichters haben will und der Pudel dafür herhalten muss.

Am 14. November 1825 starb Jean Paul in diesem Haus, nachdem er zuvor fast völlig seine Sehkraft eingebüßt hatte. Das schönste Schlusswort gelang Ludwig Börne in seiner Trauerrede: »Jean Paul tröstet das weinende Kind im Menschen und sagt: Ja, das kenne ich alles auch.«

Adresse Schwabacher Haus und Garten, Friedrichstraße 5, 95444 Bayreuth | **ÖPNV** Stadtbus 302 vom ZOH, Haltestelle Jean-Paul-Platz | **Öffnungszeiten** nach Vereinbarung | **Tipp** Die Friedrichstraße mit ihrem historischen Ensemble ist insgesamt sehenswert.

24 Das Kinderschloss
Die etwas andere Playstation

Bayreuths jüngstes Schloss ist für die jüngsten Bewohner der Stadt: das Kinderhaus in der Munckerstraße, eine Kita, wie man sie nicht überall findet. Das Haus ist nicht zu übersehen: Gelb, orange, blau und goldfarben leuchtet es dem Passanten entgegen, dazu Kuppeltürmchen, Erker, geschwungene Treppen, wellenartige Farbgestaltung der Wände. (Friedensreich Hundertwasser lässt grüßen!) Willkommen geheißen wird man von dem quasi umarmenden Eingangsbereich mit der bunten Tür.

Hundertwasser war nicht beteiligt am Kinderschloss, aber die weichen Formen im Innenbereich würden ihm gefallen, ebenso wie die Mosaike, die vor allem in den Badezimmern zu finden sind. Mutter Erde in warmen Braun- und Grüntönen, der Vulkan und der Drache als Symbole des Feuers. Wolken, Luftballons und Vögel zeigen, dass man sich bei der Gruppe Luft befindet, und ein Walfisch, Wasserfall, Muscheln und andere Meeresbewohner sind die Motive der Gruppe Wasser. Der ganze Innenbereich ist farbenfroh gestaltet, jeweils passend zu den Gruppenthemen und zu den Funktionen der einzelnen Räume.

Maximal 90 Kinder bis zu zwölf Jahren werden in diesem harmonischen Haus ganztags betreut. Die vier Gruppen sind altersgemischt zusammengesetzt, sodass eine Betreuung über einen langen Zeitraum durch eine Bezugsperson gewährleistet ist. Das evangelische Kinderhaus der Diakonie verwirklicht die Inklusion von behinderten Kindern und Kindern mit Migrationshintergrund.

Weitere Schwerpunkte der pädagogischen Arbeit sind die Sucht- und Gewaltprävention und die Eröffnung von Chancen auf gleiche Bildung. Die pädagogischen Angebote reichen von der Projektarbeit (zum Beispiel Montessorigruppe, Waldprojekt, Entspannung, Trommeln, Kinderkampfkunst, Klavier, Kunst, Backen) über sprachliche Förderung bis zur Hochbegabtenförderung. Schade, dass es nicht für alle Kinder ein solches Schloss gibt.

Adresse Munckerstraße 11, 95444 Bayreuth, Träger Diakonisches Werk – Stadtmission Bayreuth e. V. | **ÖPNV** Bus 301, 321, Haltestelle Jägerstraße | **Öffnungszeiten** Besichtigung nur von außen, Anmeldung nach Vereinbarung | **Tipp** »Das Kinderhaus-Buch« zum Preis von 14,30 Euro gibt es direkt im Kinderhaus oder beim Nordbayerischen Kurier. In der Munckerstraße 18 gibt es ein Jugendcafé mit Tonstudio, das sich um die Älteren kümmert.

BAYREUTH

25 Das Mann's Bräu
Uriger geht's nicht

Die Bierstadt Bayreuth hat viele urige Kneipen. Eine davon ist das Mann's Bräu in der Friedrich-Straße. Ein kleines weißes Emailleschild unweit des Zapfhahns gibt die Richtung vor: »Ein halber Liter Bier kostet 22 Pfennige«, das Pfennig-Zeichen ist in feinster Sütterlinschrift geschrieben. Also schon ein paar Tage her. Gegenüber in der Ecke zwei weitere Emailleschilder: »Freibier gabs gestern« und »Freibier wird's morgen geben«. Hat man also wieder den falschen Tag erwischt.

Anna Hacker, die derzeitige Wirtin, hat das Mann's Bräu, »das gewachsene Wirtshaus«, wie sie sagt, 2009 übernommen. Zusammen mit ihrem Mann und den zwei Söhnen. Zuvor sei hier eine Pizzeria gewesen, erzählt sie. Wie sie es sagt, ist klar, was sie davon hält. Es war eine schlimme Zeit, eine Zeit gastronomischer Kolonialisierung.

Inzwischen ist man wieder in der Spur. Schäufele, Bratwurst, Krautwickel und Schinkennudeln stehen wieder auf der Karte, die Biertafel unter der Decke preist das dunkle Bockbier zu erstaunlichen 3,20 Euro an und auch die Bierkrüge mit den Jean Paul Sprüchen sind wieder da, wo sie hingehören. Apropos: Auf dem Weg zur Toilette, die hier »Abort« heißt, findet man nicht nur eine Wagner-Büste, sondern eine ganze Wand mit Jean Paul-Sentenzen.

»In der Jugend will man sonderbarer erscheinen als man ist, im Alter weniger sonderbar als man ist« oder »Der Stein der Weisen ist der Grundstein zum Narrenhaus« liest man da. Der Autor ist hier omnipräsent. In der Friedrich-Straße hat er gewohnt, hier hat er gegärtelt und mit seiner Frau gestritten, am Jean-Paul-Platz, ein paar Schritte weiter, steht er als wuchtiges Denkmal. Da wird er bleiben für alle Zeiten.

Bayreuth ohne ihn, ohne Wagner und Nietzsche ist einfach nicht denkbar. Das wissen Einheimische, das wissen aber auch Touristen, die besseren jedenfalls.

Adresse Mann's Bräu, Friedrich-Straße 23, 95444 Bayreuth, Tel. 0921/1638988, www.facebook/manns-braeu.de | **ÖPNV** Bus 310, Ausstieg Mühlhofer Stift | **Anfahrt** A 9, Ausfahrt Bayreuth Süd, Richtung Uni, Wittensbacherring, rechts zur Friedrichstraße | **Öffnungszeiten** täglich 10.30–22 Uhr | **Tipp** Die Friedrich-Straße ist eine von Bayreuths Ur-Straßen – über die Jahrhunderte gewachsen.

26 Das Markgräfliche Opernhaus

Zum Weltkulturerbe gekürt

Als Wilhelmine von Preußen, Tochter des Soldatenkönigs Friedrich Wilhelm I., 1731 aus Berlin in die bayrische Provinz übersiedelte, war sie von der Kargheit des Hofes ihres Angetrauten Markgraf Friedrich III. erschüttert. Sie begann umgehend damit, das Fürstentum mit den »Must-haves« des absolutistischen Barocks auszustatten, dazu gehörte unbedingt ein eigenes Theater. Hier setzte man sich in Szene, veranstaltete üppige Feste, stellte seine Erhabenheit zur Schau und legitimierte seinen absoluten Herrschaftsanspruch.

Durch ihre Herkunft standen ihr die besten Denker, Architekten und Künstler zur Verfügung, und so beauftragte sie die italienischen Stararchitekten Carlo und Guiseppe Galli Bibiena mit der Innenausstattung des Theaters. 1748 wurde es, noch vor Fertigstellung der Fassade, anlässlich der Hochzeit der einzigen Tochter des Fürstenpaares eröffnet. Die 27 Meter tiefe Bühne war die größte Deutschlands, und das Haus wurde bis zum zehn Jahre späteren Tod Wilhelmines rege bespielt. Danach fiel das Gebäude, zum Glück für die Nachwelt, in eine Art Dornröschenschlaf – denn während die meisten Barocktheater durch die Kerzenbeleuchtung ein Raub der Flammen oder später »Opfer« des bürgerlichen Geschmacks wurden, blieb das Barocktheater als einziges seiner Art unverändert erhalten.

Das seit 2012 in den Rang eines Weltkulturerbes erhobene Gebäude ist begehbares Zeugnis einer Zeit, in der durch perspektivische Malerei und Kulissenbühnen, gepaart mit aufwendiger Bühnenmaschinerie, Himmel und Hölle vor den Augen der Anwesenden auf Geheiß und zum Ruhm des Herrscherpaares heraufbeschworen wurden. Macht und Ansehen waren untrennbar mit ihrer Inszenierung verbunden, sodass der Schein bald über dem Sein thronte. Ein Indiz hierfür ist das gänzlich aus Lindenholz gefertigte Interieur des Opernhauses mit seinen Verzierungen, Reliefs und Intarsien.

Adresse Opernstraße 14, 95444 Bayreuth, www.schloesser.bayern.de | **ÖPNV** Regionalbus 328, Haltestelle Luitpoldplatz | **Öffnungszeiten** April–Sept. 9–18 Uhr; Okt.–März 10–16 Uhr | **Tipp** Das Café an der Oper im Redoutenhaus gleich nebenan ist immer einen Besuch wert.

27 — Die Oberfrankenhalle
Tempovorstoß! Wurf! Korb! Sieg!

Basketball hat eine lange Tradition in Bayreuth. Begonnen hat alles 1954 in der Sporthalle des ehemaligen Deutschen Gymnasiums (heute Markgräfin-Wilhelmine-Gymnasium). Da kam Werner Pietschmann, seines Zeichens Sportlehrer, von einem Studienaufenthalt in den USA mit viel Enthusiasmus für das schnelle, elegante und weitgehend körperlose Spiel zurück. Zusammen mit Horst Bär gründete er die erste Bayreuther Basketballmannschaft.

Sie bestand aus Spielern der Lehrerausbildungsanstalt und zahlte im ersten Freundschaftsspiel gegen den BBC Coburg gleich kräftig Lehrgeld: 59:23 gewannen die Gäste und zeigten den Bayreuthern, wo bei ihnen der Korb hängt, nämlich zu hoch für die tapfere Lehrerauswahl.

Doch die ließ sich nicht verdrießen, gründete 1956 die erste Basketballabteilung beim VfB und wechselte für den Spielbetrieb in die Rotmainhalle. Klaus Ullmann vom BBV-Bezirk Oberfranken erinnert sich: »Zweimal in der Woche wurde dort Markt abgehalten und Gemüse, Obst, Geflügel und Kleinvieh verkauft.« Das Ergebnis waren oft »Blutrinnen« am Boden und Abfälle aller Art, die es vor dem Spiel zu beseitigen galt. Außerdem war es oft saukalt in der Halle, was dazu führte, dass manche Spieler Zipfelmützen trugen, so Ullmann. Ein Kronacher Team soll sogar mit einer Heizsonne im Gepäck angereist sein.

Doch die neue Sportart war nicht mehr zu stoppen. Unter immer neuen Vereinsnamen, aktuell nennt man sich medi Bayreuth (medi zu allem Überfluss auch noch klein geschrieben), setzte sie zu einem beispiellosen Siegeszug in der Wagnerstadt an. Bald war man erstklassig, wurde sogar Deutscher Meister (1989), holte zweimal den DFB-Pokal (1988 und 1989) und war in den 2010er Jahren Teilnehmer in der Champions League. Besser gehts nicht. Wie in Bamberg, der anderen oberfränkischen Uni-Stadt, kann man in Bayreuth Weltklasse-Basketball sehen. Längst ist die rasante Sportart zu einem Aushängeschild der Stadt geworden, gleich neben Wagner, für eingefleischte Fans auch vor diesem.

Adresse Am Sportpark 3, 95448 Bayreuth, Verein: Schulstraße 12, 95444 Bayreuth, www.bbc-bayreuth.de | **ÖPNV** Stadtbus 304, 305, Haltestelle Oberfrankenhalle | **Anfahrt** A 9, Ausfahrt Bayreuth-Süd, Nürnberger Straße, Hohenzollernring, Albrecht-Dürer-Straße (Parkhaus) | **Öffnungszeiten** zu den Spielen | **Tipp** Alle Heimspiele werden in der Oberfrankenhalle ausgetragen. Sehenswertes Basketball bieten auch die Damen- und Jugendteams beim BBC.

BAYREUTH

28 Das Restaurant Eule
Wo die Künstler ein und aus gingen

Zu Besuch in der Wagnerstadt Bayreuth, aber zur falschen Jahreszeit für die Festspiele? Kein Problem – ganzjähriges Festspielflair gibt es in der »Eule«, der geschichtsträchtigen Künstlerkneipe Bayreuths. Seit 1908 bis zum Ende des 20. Jahrhunderts trafen sich hier in der Kirchgasse 8 die Sängerdarsteller, Musiker, Dirigenten, Regisseure und die Leitung der Festspiele zur Afterhour. Eine Blüte erlebte das Restaurant unter den Betreibern Hans und Anni Meyer, die durch ihre liebenswert eigene Art und die gute Küche bis in die 70er Jahre hinein die Kunstschaffenden aus ganz Deutschland anzogen.

Eine lange Reihe von signierten und der Wirtin gewidmeten Fotos von Klassikstars ziert heute die Wände des Lokals, entführt in die Geschichte der Festspiele und entfaltet die Musikgeschichte des 20. Jahrhunderts vor den Augen des Besuchers. Der darf sich in bester Gesellschaft wähnen, zwischen René Kollo, Frieda Leidner, Peter Hofmann, Wilhelm Furtwängler, Arturo Toscanini und Herbert von Karajan, die sich hier die Klinke in die Hand gaben. Studiert man die Karte mit den regionalen Spezialitäten, weiß man, warum …

Das Haus, in dem Siegfried Wagner langjähriger Stammgast war und Richard Wagner schon speiste, ist darüber hinaus eines der ältesten erhaltenen Bürgerhäuser Bayreuths. 1444 erstmals urkundlich erwähnt, stammt die Bausubstanz aus den Anfängen des 16. Jahrhunderts, als das Gebäude nach einem verheerenden Brand neu errichtet wurde.

Nach einer Kernsanierung steht die geschichtsträchtige Künstlerkneipe seit Herbst 2011 allen wieder offen. Ob die Geschichte der Eule als Künstlerkneipe fortgeschrieben wird, bleibt mit Spannung abzuwarten. Derweil darf hier schon mal bei »Nibelungensuppe«, »Alberichs Fischbrotzeit« und »Siegfrieds Drachenschnitzel« in alten Zeiten geschwelgt und auf Karten für die Festspiele gehofft werden.

Adresse Kirchgasse 8, 95444 Bayreuth, www.eule-bayreuth.de | **ÖPNV** Bus 323, Haltestelle Stadtkirche | **Öffnungszeiten** Di 18–22 Uhr, Mi–Sa 11.30–14 Uhr und 18–22 Uhr, So 11–14 Uhr | **Tipp** Alfred Hrdlickas Bronzeplastik »Marsyas« vor dem Kunstmuseum, Maximilianstraße 33 (Altes Rathaus), ist etwas unter Wert platziert, gleichwohl sehenswert.

BAYREUTH

29 — Das Restaurant Miamiam Glouglou
Wie Gott in Frankreich

Also, der Name ist Geschmacksache. Aus der französischen Babysprache in die deutsche Babysprache übersetzt, bedeutet er so viel wie: Ham, ham, gluck, gluck! Klingt etwas unerwachsen, wie töff, töff oder kille, kille, aber wer's mag, bitte schön! Außerdem kann man ja auch »MMGG« sagen, wie es auf der Visitenkarte steht, das klingt dann unheimlich erwachsen.

Außerdem, wer sagt denn, dass ein Restaurant einen tollen Namen haben muss? Edel speisen soll man können, angenehm sitzen und freundlich bedient werden. Und wenn der Wein im richtigen Glas kommt und die richtige Temperatur hat, ist es auch kein Fehler. All das bietet das Restaurant mit den bordeauxroten Lampen und dem blauen »Annecy-Bayreuth«-Schild über der Tür. Seit 1992 gibt es das MMGG. Monsieur Cédric Ray, aus dem südfranzösischen Weinort Bandol stammend, leitet es und hat es zur Nobeladresse gemacht, nicht nur zur Festspielzeit und nicht nur, weil er diese wunderbare Terrasse hin zur Dammallee und historischen Stadtmauer hat. Nein, er hat auch einen Koch, der weiß, wie man ein Entrecote brät, eine Pfeffersahnesoße mit Cognac abschmeckt und ein Ratatouille mit Fenchel so zusammenbringt, dass man als Gast ganz still und andächtig wird. Auch die Crêpe hinterher, mit einer feinen Apfelfüllung und Crème fraîche, kann sich sehen beziehungsweise genießen lassen. Gut, die Weinkarte ist jetzt nicht der ganz große Hit, aber der Tischwein macht seine Sache doch ganz ordentlich.

Als Papiertischtuch gibt es eine hübsche Collage mit Sprüchen von Dior, Somerset Maugham und natürlich Brillat-Savarin, dem Meisterdenker am Herd. Mittendrin ein Grundriss vom Lokal mit Küche, Bistro und Bar und, richtig, dem Ort zum Pipimachen. Also: Wenn schon regredieren, dann im Miamiam Glouglou. Kille, kille, töff, töff!

Adresse Von-Römer-Straße 28, 95444 Bayreuth, es gibt auch einen Eingang von der Dammallee | **ÖPNV** Stadtbus 303, Haltestelle Sophienstraße | **Öffnungszeiten** Mo–So 10–1 Uhr | **Tipp** Anschließend ist ein Spaziergang zu den Schlossterrassen in der Opernstraße anzuraten, wo Sie Markgräfin Wilhelmine beim Lesen antreffen werden.

BAYREUTH

30 Die Rollwenzelei
Kartoffeln, Bier und eine Menge Poesie

Es war ein echtes Dilemma: Rollwenzelei oder Scheidung? In Ruhe vor den Toren der Stadt schreiben können oder daheim der herumzeternden Karoline ausgesetzt sein? Das waren für den Dichter zeitweise die Alternativen. In Gesellschaft könne sein Eheweib zwar »ein Engel« sein; doch wehe, sie sei mit ihm und den Kindern allein, dann werde sie zur »Furie«. So Jean Paul, spürbar bekümmert, in einem Brief an den Schwiegervater in Berlin im Juli 1810.

Den Konflikt löste er dann auf typisch Jean Paul'sche Art. Der Meister der Abschweifung verdrückte sich morgens von zu Hause und kam erst am Abend wieder zurück, wenn die Ungeliebte, aber Angetraute schon schlief. In der Zwischenzeit saß er in seiner Stube in der Rollwenzelei, einem ehemaligen Zollhäuschen auf dem Weg zur Eremitage. Anna Dorothea Rollwenzel, die wegen ihrer Kochkünste bekannt gewordene Wirtin, die gern weiße gestärkte Hauben trug und den wortgewandten Autor bewunderte (»Er ist nicht von dieser Welt!«), umsorgte ihn liebevoll wie eine Tagesmutter. Sie brachte ihm das zum Schreiben notwendige Bier auf die Stube und wachte darüber, dass die gekochten Kartoffeln auf dem Ofen nicht ausgingen.

Hatte der Dichter dann am Abend sein Tagespensum erfüllt und stieg die steile Treppe vom ersten Stock hinunter, so ging sie sicherheitshalber vor ihm, nur für den Fall, dass das reichlich genossene Bier ihn ins Schwanken kommen ließ. Eine schöne Arbeitsteilung hatte sich so über die Jahre herausgebildet. »Rollwenzeln«, nannten es die beiden, und es hielt fast 20 Jahre, von 1805 bis 1825.

Inzwischen ist ein »Verein zur Erhaltung von Jean Pauls Einkehr- und Dichterstube« in das frei stehende Haus an der Königsallee eingezogen. Nun sorgen Mutter Gertrud Sommer und Tochter Christine Fiederer-Sommer mit Führungen in bester Rollwenzel-Tradition dafür, dass die Erinnerung an den berühmten Gast lebendig bleibt.

Adresse Königsallee 84, 95448 Bayreuth | **ÖPNV** Bus 322, Haltestelle Rollwenzelei | **Öffnungszeiten** Mai–Okt. Fr–So 14–16 Uhr, während der Festspiele ab 11 Uhr geöffnet; im Winter Termine nach Vereinbarung | **Tipp** Das authentische Jean-Paul-Gefühl stellt sich im Mann's Bräu in der Friedrichstraße 23 bei Bier im Krug, einem deftigen fränkischen Essen und der rororo-Monografie von Hanns-Josef Ortheil ein. Dann goutiert man sogar Nietzsches Schmähung, Jean Paul habe eben keinen Humor und sei ein »Verhängnis im Schlafrock«.

31 Die Schokoladenfabrik
Skaten, tanzen, feiern – die »Schoko« lebt!

Die ehemalige Schokoladenfabrik in St. Georgen, »Schoko« genannt, ist Bayreuths Jugendzentrum schlechthin. Groß war die Begeisterung, als sie nach dem Umbau die Tore wieder öffnete. Die Skateboardhalle im Erdgeschoss präsentierte ihren Parcours, und die Punkbarden von SEDLMEIR schauten vorbei und heizten gleich mal ordentlich ein. Zuvor hatte es sich Brigitte Merk-Erbe, die Oberbürgermeisterin, nicht nehmen lassen, die neue Anlage persönlich einzuweihen.

Und so sah der Start in die neue Ära aus: Eine »Open Session« in der Skatehalle, der Kinder-Kunst-Club, Kaffee und Kuchen für die älteren Semester, ein Lagerfeuer, diverse Workshops, ein Reggaekonzert, der Liedermacher Capote, DJs – kurz: Bayreuth, zumindest Bayreuth U30, das unter 30 Jahre alte also, stand Kopf, und einige überschlugen sich sogar vor Begeisterung, mitsamt ihren Brettern.

Nach der quälenden Vorgeschichte gab es dazu auch allen Anlass. Anfang 2009 hatte die Stadt die alte Fabrik zugesperrt. Begründung: bauliche Mängel. Nachdem Brandschutz und sanitäre Anlagen generalsaniert waren, nicht zuletzt ein Verdienst des gemeinnützigen Vereins »Horizonte«, wurde auch für die »Schoko« wieder ein Silberstreif am Horizont sichtbar. Carolin Lothes betreute die Skateanlage, Mittel aus dem Städtebauförderungsprogramm wurden abgerufen und ein Mietvertrag zwischen Stadt und Betreiberverein unterzeichnet. 240.000 Euro flossen so in das Projekt, 3.000 Euro legten die Skater aus eigener Tasche dazu, nicht gerechnet die Hunderte Arbeitsstunden, die sie investierten. Fehlen nur noch die Lounge im Kopfbau und die große zentrale Veranstaltungshalle. Sie sollen in den nächsten Jahren entstehen.

Dann erst wird der Skatepark komplett sein. Bis es so weit ist, dürfen in der geilen Halle mit dem coolen Holzboden und der zehn Meter breiten Wallride noch einige Loopings gedreht werden …

Adresse Gaußstraße 6, 95448 Bayreuth | **ÖPNV** Hauptbahnhof Bayreuth, 3 Minuten Fußweg, oder Bus 302, Haltestelle Sophian-Kolb-Straße | **Öffnungszeiten** Di–Fr 14–18 Uhr und während der Veranstaltungen | **Tipp** Im selben Stadtteil befindet sich in der Brandenburger Straße 35 der »Kulturstadl«, die ambitionierte St. Georgener Theaterbühne.

32 — Der Stadtfriedhof
Wolfgang Wagner, Liszt, Jean Paul, die Stecknadelbraut

Zuletzt war der Stadtfriedhof im Blick der Öffentlichkeit, als im Frühjahr 2010 Wolfgang Wagner zu Grabe getragen wurde. Bis zuletzt war er aktiv gewesen, der Leiter der Bayreuther Festspiele über die sagenhafte Zeitspanne von 58 Jahren hinweg, ein Patriarch, ach was, ein Monarch auf dem Grünen Hügel mit absolutistischen Zügen, eigenwillig, knorrig, selbstbezogen, mit Mut zum Experiment, ein echter Wagner eben, Enkel des großen Komponisten und auch mit 90 Jahren erst ein bisschen müde. Im Familiengrab, wo auch Wieland und Siegfried Wagner begraben sind, fand er seine letzte Ruhe.

Franz Liszt liegt hier, in einer kleinen, vom Münchner Architekten Gabriel von Seidl errichteten Kapelle; Jean Paul, mit einem von Efeu überwachsenen Grabstein, der nicht der echte ist (der befindet sich abwechselnd im Germanischen Nationalmuseum in Nürnberg und im Jean-Paul-Museum in Bayreuth); viele Oberbürgermeister der Stadt; der Journalist Bernd Mayer, Autor zahlreicher Bücher über Bayreuth, eine Art wandelnde Stadtchronik, Ehrenbürger und von allen ins Herz geschlossen, und viele, viele andere.

Ein Grabstein in der Friedhofskapelle ist es vor allem, zu dem es die Besucher hinzieht. Er hält das Gedenken an Margarete Katharina Schlenk wach, die als »Stecknadelbraut« Eingang in die Bayreuther Geschichte fand.

Die Tochter eines Rotgerbers verstarb auf tragische Weise, erst 19-jährig. An ihrem Hochzeitstag, so wird berichtet, soll die junge Frau beim Anlegen des Hochzeitskleids eine Stecknadel verschluckt haben und daran gestorben sein.

Kaum jemand in Bayreuth, dem das Schicksal der »Stecknadelbraut« nicht bekannt ist. Vor allem viele junge Frauen berührt ihr Tod bis heute.

Angelegt wurde der Stadtfriedhof mit der Gottesackerkirche am östlichen Eingang 1545.

Adresse Erlanger Straße 42, 95444 Bayreuth | **ÖPNV** Bus 301, 305, 309 und 324, Haltestelle Stadtfriedhof | **Öffnungszeiten** täglich Sommer 7–20 Uhr; Winter 8–17 Uhr | **Tipp** Eine gut illustrierte Chronik der Bayreuther Stadtgeschichte findet der Besucher im Historischen Museum neben der Stadtkirche.

33 — Die Stadtkirche
Im Banne des Seiltänzers: Nietzsche in Bayreuth II

Sagen wir so: Vieles spricht dafür, dass es so war. Und wenn es nicht so war, so ist es gut erfunden. Es geht um die Frage, welche Spuren Bayreuth in Nietzsches Werk hinterlassen hat. Besonders interessant in diesem Zusammenhang die Vorrede zu Nietzsches »Zarathustra«. Aller Wahrscheinlichkeit nach geht sie auf ein direktes Erleben des Philosophen in Bayreuth zurück.

Wir erinnern uns: Zarathustra, Verkünder einer neuen Weltordnung, vor allem aber Bauchredner und Sprachrohr Nietzsches, kommt zu Beginn des Buchs in eine nicht näher beschriebene Stadt, die »an den Wäldern liegt«, und findet auf dem Markt »viel Volk versammelt«. Er blickt zu einem Seiltänzer empor, der »zwischen den Türmen« der Kirche balanciert. Eine Szene, die perfekt zur Bayreuther Stadtkirche passen würde. Zumal man von Nietzsche weiß, dass er öfter mit Cosima und den Kindern in den Gassen um die Stadtkirche unterwegs war. Auch sonst stimmen die Einzelheiten. Der Seiltänzer könnte dann aber nur Wagner selbst sein, für Nietzsche der Inbegriff des wagemutigen Künstlers. Oder es ist der »bunte Gesell«, der hinter ihm aufs Seil springt und den Sturz des Tollkühnen in die Tiefe verursacht.

In jedem Fall folgt Zarathustra gebannt dem Schauspiel in luftiger Höhe. Es scheint ihm Sinnbild zu sein für die gefährdete Existenz des Künstlers (dann wäre der Seiltänzer Wagner) oder die des Denkers (dann wäre der Seiltänzer Nietzsche selbst). Vielleicht ist es auch beides.

Eines lässt sich ohne Übertreibung sagen: Wenn es im Leben Nietzsches Städte gab, die wichtiger waren als andere, dann gehört Bayreuth sicher dazu. Und wenn es darüber hinaus Menschen gab, die für ihn wichtiger waren als andere, dann gehörten Richard Wagner, aber auch seine Gattin Cosima sicher dazu. Noch 1888, ein Jahr vor seiner geistigen Umnachtung, kommt Nietzsche im »Ecce homo« auf seine Bayreuth-Erfahrungen zu sprechen.

Adresse Kirchplatz 1, 95444 Bayreuth | **ÖPNV** Bus 302, Haltestelle Luitpoldplatz | **Öffnungszeiten** Infos beim Pfarramt unter Tel. 0921/596800 | **Tipp** Buchen Sie eine der zahlreichen Stadt- und Erlebnisführungen bei der Tourist-Information Opernstraße 22, Tel. 0921/88588, oder machen Sie einen Abstecher ins Historische Museum.

34 Der Stadtteil St. Georgen
Bayreuth liegt am Meer. Oder nicht?

Alles begann mit dem Wasser. Durch den Stau der Warmen Steinach entstand 1508 ein fischreicher, mehrere Quadratkilometer großer See, der Brandenburger Weiher. Knapp 200 Jahre später wurden auf demselben Weiher vom marinebegeisterten Erbprinzen und späteren Markgrafen Georg Wilhelm von Brandenburg-Bayreuth inszenierte Seeschlachten ausgetragen und an seinen Ufern ein Schloss erbaut. In der Matrosengasse kann man sich die alten Seemannshäuser noch ansehen. Das Schloss wurde baufällig und ab 1725 als Ordensschloss neu erbaut.

Ab 1702 sollte dem Schloss eine Planstadt angegliedert werden. Eine schnurgerade breite Straße – St. Georgen – wurde angelegt und mit 24 »Typenhäusern« (zweigeschossige Sandsteinbauten mit Walmdach) symmetrisch bebaut. Gleich am Straßenanfang erhebt sich die barock ausgestattete Ordenskirche. 1722 ließ Georg Wilhelm das »Prinzessinnenhaus« für die Bayreuther Prinzessin Christiane Sophie, die wegen einer unehelichen Schwangerschaft in Ungnade gefallen war, in der Markgrafenallee bauen. Zwei Jahre später folgte das markgräfliche Zucht- und Arbeitshaus. Von da an hatte St. Georgen auch ein Gefängnis.

Machen wir einen Sprung ins Heute. Wo einst kleine Schiffe mit Minikanonen aufeinander schossen, stehen heute Industriegebäude. 1775 war Schluss mit lustig, der See wurde trockengelegt. Und die Gefangenen sitzen inzwischen hinter »Schloss« und Riegel, das Gefängnis ist ins Schloss integriert.

Das Prinzessinnenhaus wurde Nervenheilanstalt, Lebkuchenfabrik, Ersatzteillager und Studentenwohnheim. Heute ist das Gebäude restauriert und beherbergt Familien und Firmen.

In einem bescheidenen Haus hinter der Kirche (so heißt auch die Straße) wurde am 25. Mai 1926 der Schriftsteller Max von der Grün geboren. Er schrieb über das Arbeitermilieu und das Kinderbuch »Die Vorstadtkrokodile«.

Adresse St. Georgen, 95448 Bayreuth | **ÖPNV** Bus 303, 328, 321, Haltestelle Bernecker Straße | **Tipp** Genießen Sie nach der Besichtigung eine gute Torte oder einen deftigen Eintopf im »Kleinen Café«, St. Georgen 34 (samstags geschlossen). Immer im Juli findet außerdem das Musikfest »St. Georgen swingt« statt.

35 Das Steingraeberhaus

So geht Tradition: Liszt-Flügel und florierender Familienbetrieb

Auf den ersten Blick lädt das 1754 erbaute Liebhardtsche Palais in der Friedrichstraße 2 mit seiner massiven, mondänen Schauseite nicht zum Eintreten ein, aber ein zweiter mutiger Blick hinter die Steinfassade wird gleich in mehrfacher Hinsicht belohnt.

Das von Joseph Saint-Pierre und Carl von Gontard für den »Cämmerer« des Markgrafen Friedrich erbaute Rokokoensemble aus Hauptgebäude und zwei Nebengebäuden umschließt, bei näherer Betrachtung, einen kleinen Barockgarten, der zu allen Seiten Eintritt und Einblick in das höfische Wohnambiente des 18. Jahrhunderts und zugleich in die Geschichte des Klavierbaus gibt.

Mit dem Übergang der Aristokratie zur bürgerlichen Gesellschaft wechselte auch das Palais seinen Besitzer. 1852 bezog der Bürgerliche Eduard Steingraeber, Klavierbauer in zweiter Generation, mit seiner Werkstatt das Palais und kreierte hier seinen Flügel Op.1', ein »revolutionäres ›Meisterstück‹, das das ›Wiener‹ mit dem ›Englischen‹ Mechaniksystem kombinierte.«

Die Arbeit Eduard Steingraebers für und mit seinem Nachbarn Franz Liszt, Komponist und weltberühmter Popstar am Klavier, stellte den Klavierbauer vor ungeahnte Herausforderungen. So kam es vor, dass der Pianist Liszt durch sein virtuoses Spiel schon mal die damals viel fragiler gebauten Klaviere im Finale furioso regelrecht zerschlug.

Im Rokokosaal, dem Prunkraum des Palais, ist einer der Flügel Liszts am Stück erhalten und gelegentlich auch zu hören. Nicht zuletzt Altmeister Alfred Brendel brillierte daran.

Der Name Steingraeber, das Ambiente und der Liszt-Flügel haben schon so manchen bedeutenden Musiker ins kleine Bayreuth und an die Tasten gelockt, unter ihnen Christian Thielemann, Vytautas Landsbergis und Gábor Farkas. Nicht umsonst erhielt das Label 2008 der Bayerischen Staatspreis.

Adresse Friedrichstraße 2, 95444 Bayreuth, www.steingraeber.de | **ÖPNV** Stadtbus 302, Haltestelle Jean-Paul-Platz | **Öffnungszeiten** Mo–Fr 10–18 Uhr, Sa 10–14 Uhr | **Tipp** Im Steingraeberbistro kann zudem gefrühstückt, aber auch eine Kleinigkeit zu Mittag gegessen werden. Außerdem kann die Steingraeberfabrik in der Dammallee besichtigt werden.

BAYREUTH

36 — Der Sternplatz
Einen an der Waffel haben: die beste Eisdiele der Stadt

Fünf Straßen laufen sternförmig an diesem Platz zusammen, also was liegt bitte näher als der Name »Sternplatz«? Hier liegen sozusagen das Herz und der Knotenpunkt der Innenstadt, eine Schnittstelle für Schicksale, hier befindet sich Bayreuths Treffpunkt schlechthin. Hier beginnen Einkäufe, Stadtführungen, Gespräche, Erstsemester-Kneipentouren und Blind Dates.

Die Bayreuther Fußgängerzone ist mehr ein »Fußgängerzönchen«, weil hier immer noch, auch tagsüber, Kraftfahrzeuge fahren, unter anderem Linienbusse. Manchmal kann von ruhig oder verkehrsberuhigt also nicht unbedingt die Rede sein. Wer in der Innenstadt trotzdem dringend ein bisschen Ruhe braucht, kann es mal hier versuchen: An der Seite zur Badstraße hin befindet sich ein kleines Eiscafé, welches jeden Sommer mit charmanten, ungewöhnlichen, manchmal auch etwas fragwürdigen neuen Sorten überrascht. Nur hier hat man in Bayreuth die Möglichkeit, eine Kugel Erdnuss-, Mohn-, Zitrone-Basilikum- oder Ingwer-Schoko-Eis zu probieren. Oder auch zwei oder drei, wenn man schon mal dabei ist. Wer Zeit hat, sitzt im Sommer vielleicht hier, um gesehen zu werden, viel lieber aber noch, um zu sehen. Denn hier kommt wirklich ganz Bayreuth früher oder später vorbei. Vielleicht beobachtet man ja wirklich ein beginnendes Blind Date? Es könnte die spannendste Kugel Eis werden, die Sie je gegessen haben.

Bayreuth hat mehrere Partnerstädte, darunter Annecy, La Spezia, Rudolstadt, der Bezirk Prag 6, Burgenland und Tekirdag, und sie alle sind mit ihren Entfernungen und Himmelsrichtungen an einem großen Wegweiser am Sternplatz zu sehen. Was sagt uns das nun? Es sagt: HIER ist Bayreuth. Und so weit ist es bis anderswo. Bleiben Sie doch noch ein bisschen.

Wenn Sie schon mal hier sind, laufen Sie entweder zum Markgräflichen Opernhaus (Opernstraße) oder zum Stadtbächlein (Maxstraße), wenn Sie es nicht bereits getan haben.

Adresse Sternplatz, 95444 Bayreuth | **ÖPNV** Bus 314, Haltestelle Sternplatz | **Öffnungszeiten** Eisdiele täglich 9–21 Uhr | **Tipp** Fränkische Spezialitäten findet man im »Franken-Lädla«, Richard-Wagner-Straße 2.

37__Die Studiobühne Bayreuth
Theater muss sein!

Als der junge Regisseur Werner Hildenbrand Ende der 1960er Jahre in die Festspielstadt zieht, steht er unerwartet vor theatralem Brachland: Es gibt im Sommer Weltoper und ganzjährig die Möglichkeit, eine Perle des barocken Kulissentheaters zu besichtigen, aber kein lebendiges Theater. Aus Lust am Spiel beginnt er mit ein paar Enthusiasten eigene Stücke und Inszenierungen zu entwickeln und stößt auf ein dankbares Publikum. Wird anfangs noch in Turnhallen und Sportvereinen gespielt, so findet sich alsbald eine feste Bleibe für das ambitionierte Projekt der mittellosen, dafür ideenreichen und improvisationsfreudigen Truppe: das ehemalige Offizierskasino, baufällig, aber trocken.

Hier wird gespielt, gearbeitet, gerungen und – bald regelmäßig aufgeführt, ehrenamtlich, versteht sich. Es wird alles probiert und dargeboten, von eigens für die stetig wachsende Truppe aus Laien und Profis geschriebenen Mundartstücken über Märchen bis hin zu Klassikern der Dramenliteratur. Mit Erfolg, wie sich schnell zeigt.

In den 90er Jahren regnet es Preise, und die Spielstätte, die 1998 kurz vorm verordneten Abriss steht, wird mit öffentlichen Geldern saniert und der Company übergeben. Die Studiobühne Bayreuth erhält schließlich als erstes Pilotprojekt seiner Art (Spielstätte für Laien unter professioneller Regie) einen festen Platz im Bühnenverband.

Trotz der Adelung und Erhebung in den Profi-Olymp wird bis heute um des Spielens willen gespielt. Kunst ist für die Darsteller nicht Broterwerb, sondern Narretei, Heilmittel, Sinnsuche, Freude, Gefühl – Leben eben. Durch die Mischung aus Professionalität und unbefangener, auch unbedarfter Begeisterung am Spielen ist den Darbietungen eine ganz direkte, überspringende Energie und Lust eigen.

Für Kurzentschlossene gibt es in aller Regel Restkarten an der Abendkasse, denn: Theater muss sein!

Adresse Röntgenstraße 2, 95447 Bayreuth, www.studiobuehne-bayreuth.de | **ÖPNV** Bus 314, Haltestelle Röntgenstraße | **Öffnungszeiten** zu den Vorstellungen, Infos unter Tel. 0921/76436-0 | **Tipp** Nicht weit ist es zum Tierpark Röhrensee, einem Park für Menschen, Tiere und Pflanzen, Pottensteiner Str. 5.

38 Swagman
Smartphone und Kartoffelstampf

Was, wenn sich der kleine Hunger mit kulinarischem Anspruch, der Liebe zu Slow Food, Rastlosigkeit, Erlebnishunger und einem kleinen Geldbeutel paart? Dafür gibt es nur in und um Bayreuth den Swagman, einen Foodtruck, der jeden Tag an einem neuen Standort von Hand bereitetes Slow Food schnell und preiswert an den Mann und an die Frau bringt. Wie das geht? Keine Miete und flexible Standorte: »Wenn die Kunden nicht zu uns kommen, dann kommen wir zu ihnen«, so der Betreiber. Einfach, genial, zeitgemäß, flexibel und total »glocal«.

Im Swagkonzept trifft die ökologisch vertretbare Take-away-Papierbox – bekannt vom Chinaimbiss um die Ecke – mit der zum Kartoffelstampfproduktionsherzen umgearbeiteten spanischen Polenta-Maschine zusammen. Dazu ein amerikanisch anmutender und doch durch und durch fränkischer Kren-Dip.

Serviert wird einheimische Küche: Kartoffelstampf, der sich liebevoll aus einer umgearbeiteten Softeismaschine zu Schleifchen verzieren lässt, mit slow roast meat, das nach Aussage der Kreativköpfe Andrea Übelhack und Peter Appel zwölf Stunden schonend im Ofen gegart wurde. Prädikat der kauenden Probanden vor dem Wagen: »Total lecker.« Und der sichtbare Beweis, dass Essen auf Rädern nichts Geriatrisches haben muss, sondern ganz an der Spitze des Fortschritts marschiert.

Wer seine Zeit in einer zu erobernden Stadt also nicht wartend in einem Restaurant verstreichen lassen möchte, sondern lieber auf Erkundungstour geht, ohne auf gutes Essen verzichten zu wollen, dem sei empfohlen, das Smartphone zu zücken und sich auf bayreuth.swagman.de die aktuellen Tourdaten zu holen, um dann per Navi auf ganz neuen Wegen und mit ganz neuem Ziel die Stadt »on« und »by the way« zu erobern.

Geocaching und Tourism mal anders – den Appels (oder Apples?) sei Dank.

Adresse Kellerstraße 2, 95448 Bayreuth, www.swagman.de, wechselnde Standorte | **Öffnungszeiten** nur während der Mittagszeit | **Tipp** Wenn Sie Kinder dabeihaben, machen Sie doch ein Suchspiel und finden Sie den richtigen Ort.

39 Der Tierpark Röhrensee

Ein Platz für Tiere

Es ist ein normaler Herbsttag. Nicht zu schön, nicht zu gruselig. Mütter lassen ihre Kinder am Spielplatz müde toben, das Café am Eingang ist schon im Wintermodus, die Kängurus hüpfen mit leerem Beutel durchs Gehege, das Krokodil aus Stein liegt faul und träge am See, die Mandarinenten aus China lassen sich bereitwillig fotografieren, gelbes Laub überall, ein frischer Wind, im Streichelzoo kämpfen zwei junge Böcke erbittert um die Vorherrschaft. Wir sind im Tierpark Röhrensee, in »Bayreuths lebendigem Süden«, wie es heißt, mit seinem Mix aus Flora und Fauna, Ruhe und Besinnung, in Szene gesetzt vor einer abwechslungsreichen städtischen Geschichte.

Was gab es hier nicht alles im Laufe der Jahre? Eine Badeanstalt, eine Deichelwasserleitung in die Innenstadt, einen kleinen Zoo mit Affen, eine Eislaufbahn, einen Kinderspielplatz, in der Nachkriegszeit die Schwofszene in den Tanzlokalen am See, nicht zuletzt die Bahnlinie von Bayreuth nach Hollfeld. Auch sie ist inzwischen Geschichte, das letzte Züglein mit einer eigens eingesetzten Dampflokomotive schnaufte 1974 ins 40 Meter höher gelegene Hollfeld. Das Areal um den Röhrensee, der ursprünglich aus zwei Weihern bestand, ist inzwischen Bayreuths lauschigste Ecke, wo sich Natur und Nostalgie die Hand geben.

Nicht zuletzt die Tiere haben sich ihren Lebensraum zurückerobert. Das gilt für die Hawaigänse, die Sibirischen Enten, die Kraniche und Kuhreiher ebenso wie für die Hirsche, Lamas und Nandus. Ein überdimensionales Dino-Mammut wacht darüber, dass es bei ihnen manierlich zugeht.

Der Tierpark Röhrensee ist ein gelungenes Beispiel urbaner Selbstbescheidung. Das macht seinen Charme aus.

Das macht ihn besonders, auch und gerade den unübersichtlichen Mega-Zoos gegenüber.

Adresse Tierpark Röhrensee, Pottensteiner Straße, 95410 Bayreuth, www.tierpark-roehrensee.de | **ÖPNV** ZOH, Linie 312, Haltestelle Röhrensee | **Anfahrt** A 9, Ausfahrt Bayreuth Süd, Richtung Universität, Universitätstraße links, Thiergärtner Straße | **Öffnungszeiten** ganzjährig frei zugänglich | **Tipp** Empfehlenswert ist auch die Gastronomie im Tierpark mit Restaurant und Kiosk.

40__ Das Todesrinnla
Blaulicht und Lebensgefahr

Großer Umbau der Bayreuther Innenstadt 2010: Der Überrest der alten zentralen Bushaltestelle wird entfernt und durch einen gepflasterten Veranstaltungsplatz, das Stadtparkett, ersetzt. Neben der stilvollen Begrünung wird auch die stilvolle Bewässerung berücksichtigt, was sich in einer Zierrinne für die Maximilianstraße niederschlägt. Einen »praktischeren« Nutzen erfüllt diese allerdings nicht, sie ist größtenteils dekorativer Natur und einem historischen Wasserlauf nachempfunden, nämlich einem Teil des Tappert.

Das Geplätscher beginnt am eigens dafür angelegten halbrunden Neuen Brunnen an der Kanzleistraße. Von dort fließt es dann mit dem beeindruckenden Wasserstand von etwa einer Handbreite entlang der Maximilianstraße unter dem Fama-Brunnen hindurch, nur um an der Ecke Schulstraße vor dem Herkulesbrunnen vollends im Bayreuther Untergrund zu verschwinden.

Für die Kleinen und die klein gebliebenen Großen wurde in der Mitte des Bachlaufs ein Wasserspielplatz mit diversen Wasserschrauben, -rädern und -fontänen eingerichtet, der sich im Sommer größter Betriebsamkeit erfreut und sicher schon Eltern an den Rand ihrer sonst unendlichen elterlichen Geduld brachte.

Aber kommen wir zum interessanten Teil: Vor allem in der Dunkelheit und besonders nach dem Genuss alkoholischer Getränke sollte man aufpassen, denn die Rinne ist von keiner durchgehenden Absperrung umgeben! Das hat ihr unter den Bayreuther Bürgern schnell den inoffiziellen Namen »Todesrinnla« eingebracht. Mehreren unachtsamen Fußgängern, Radfahrern und ortsunkundigen Festspielgästen wurde das 50 Zentimeter breite Rinnsal bereits zum Verhängnis, und sie holten sich nasse Füße und Verstauchungen. Der Sinn von Schadensersatzansprüchen gegen die Stadt wird zum gegebenen Zeitpunkt noch debattiert. Vielleicht gibt es auch bald einen neuen Souvenirshop mit »Todesrinnla Bayreuth – Ich habe überlebt«-Kaffeetassen.

Adresse Maximilianstraße, Kreuzung Kanzleistraße bis Kreuzung Sophienstraße, 95444 Bayreuth | **ÖPNV** Stadtbus 303, Haltestelle Sophienstraße | **Öffnungszeiten** im Sommer nach Einbruch der Dunkelheit beleuchtet, im Winter zum ersten Frost unter einer Abdeckung verborgen | **Tipp** Weitere Sehenswürdigkeiten in der Bayreuther Maxstraße sind zum Beispiel das Alte Rathaus mit Kunstmuseum (Nummer 33) oder das ehemalige Bürgerhaus und heutige Mohrenapotheke (Nummer 57), die sich gegenüber dem Bachlauf befinden.

41 Die Universität Bayreuth I: Kunst am Campus

Balkenhol, Kricke & Co.

Stephan Balkenhol, der im lothringischen Meisenthal lebende Bildhauer, stellt seine Figuren gern auf einen Sockel. Ob sie dadurch besser sichtbar werden oder gerade erst aus dem Blickfeld verschwinden, sei dahingestellt. Am Bayreuther Uni-Campus jedoch gehören sie inzwischen fest ins Bild. Sie könnten gerade ihren Bachelor in Intercultural Studies bei den Anglisten machen, eine Bude in einem Wohnheim haben und am Wochenende bei einem Catering-Service arbeiten. Oder sie bereiten sich gerade auf ein Auslandssemester in Karatschi vor. Irgend so was in der Art.

Sehr viel mehr Individualität gesteht Balkenhol seinen Figuren nicht zu. Sie sind wie alle, nicht gesichtslos, das nicht, aber man kann es sich nicht merken im wuseligen Unibetrieb. Und doch sind sie da, unverrückbar, Tag für Tag, stumme Begleiter, ganz für sich, ganz für uns. Er schaffe keine Heiligenfiguren, hat der Künstler anlässlich einer Werkschau in den Hamburger Deichtorhallen gesagt, um dann zu ergänzen: Na ja, ein bisschen seien sie das doch. In jedem Fall sind sie, heilig oder ganz profan, ideale Projektionsflächen. Jeder Betrachter schafft sich seinen Balkenhol selbst. Das gilt auch für die Bronzefiguren am Bayreuther Campus.

Sie sind nicht die einzigen Repräsentanten der Kunst am Bau. Gleich neben der Zentralbibliothek ragt Norbert Krickes »Raumkurve« in die Luft, ein kühnes, Offenheit und Großzügigkeit signalisierendes Objekt. In der Mensa hat der Nürnberger Künstler Hanns Herpich mit seinen luftigen Leinentüchern unter der hohen Decke dem Raum Leichtigkeit und Eleganz verliehen. Im Innenhof der Naturwissenschaften II setzt Erich Hausers monumentale Plastik einen Akzent; richtungsweisend, wie es scheint.

Studieren hat eben nicht nur mit Credit Points zu tun. Es darf auch etwas Kunst dabei sein.

Adresse Universitätsgelände, 95447 Bayreuth | **ÖPNV** Bus 302, 305, Haltestelle ZOH, dann Bus 304, 306, Haltestelle Mensa | **Tipp** Damit die Musik nicht zu kurz kommt: Neben Big Band und Universitätsorchester absolut hörenswert – die Thurnauer Schlosskonzerte. Veranstalter ist die Abteilung Musiktheater der Universität Bayreuth.

42 Die Universität Bayreuth II: Das Iwalewa-Haus

Afrikanische Kultur: Gestern, heute und morgen

Das Iwalewa-Haus mit seinem Konzept gilt im deutschen Raum als einzigartig. Hier wird Forschung der afrikanischen Gegenwartskultur betrieben, dokumentiert, gelehrt und gleichzeitig ausgestellt. Seit 1981 gehört das Haus (die alte markgräfliche Münze) zum Studienprogramm der Afrikawissenschaften in Bayreuth und ermöglicht nicht nur Ethnologen und Kunstwissenschaftlern den intensiven Austausch mit den Kulturen Afrikas.

Der Themenschwerpunkt des Hauses liegt auf den Gebieten der modernen Kunst, Populärkultur, Medien (besonders Fotografie und Film) und der afrikanischen Moderne. Das Iwalewa-Haus versteht sich als Ort der Produktion und Präsentation diskursorientierter, zeitgenössischer Kunst. Das Museum als »Kontaktzone« war 2011 Thema eines Workshops zum 30. Jubiläum, und man kann sagen, dass man es hier mit einem extrem dynamischen Konzept zu tun hat. Eine so bunte und aufregende Mischung aus Kunst, Kultur und Wissenschaft ist selten, aber mitten im kleinen Bayreuth gibt es sie.

Wechselnde Ausstellungen bringen neue Kunst und neue Künstler in die Stadt. Wichtig ist dabei: Es soll hier keine »exotische« Kultur ausgestellt und begutachtet werden, sondern der Charakter der Kunstwerke, ihr »Iwa« begriffen werden. Der Name Iwalewa leitet sich nämlich von einem Sprichwort aus der Sprache der Yoruba ab, die eine große Volksgruppe in Nigeria darstellen, und bedeutet »Charakter ist Schönheit«. Na, bitte!

Die Sammlung moderner bildender Kunst aus Afrika, Asien und dem pazifischen Raum mit ihrem großen Anteil von nigerianischer Kunst ist umfangreich und eine der wichtigsten in Deutschland. Regelmäßig gibt es Vorträge, Tagungen, Konzerte, Filmvorführungen und Lesungen, die nicht nur Forschenden und Studierenden, sondern auch der interessierten Öffentlichkeit zugänglich sind.

Adresse Münzgasse 9, 95444 Bayreuth | **ÖPNV** Bus 302, Haltestelle Luitpoldplatz | **Öffnungszeiten** Di–So 14–18 Uhr | **Tipp** Das Markgräfliche Opernhaus und der La-Spezia-Platz mit der Tourist-Info sind ganz in der Nähe. Hier kann man sich neben einen gusseisernen Wagner auf die Bank setzen und sich fotografieren lassen.

43 — Die Universität Bayreuth III: Der Botanische Garten

Schöner blühen: Um die ganze Welt an einem Tag

Euphorische Stimmung lag im Frühjahr 2011 in der Luft des australischen Gewächshauses. Erstmals erblühte im Ökologisch-Botanischen Garten Bayreuth (ÖBG) Doryanthes palmeri, die australische Speerblume. In Kultur geschieht dies nur äußerst selten und höchstens alle paar Jahrzehnte, doch in Bayreuth soll man schon im Jahr 2013 wieder ihre leuchtend roten Blüten bewundern dürfen.

Auf 20 Hektar Freigelände und circa 6.000 Quadratmetern Gewächshausfläche bietet der ÖBG die Pflanzenwelt der ganzen Welt. Etwa 11.000 Arten sind nach Kontinenten und Klimazonen angeordnet und nach Möglichkeit ihrer natürlichen Umgebung angepasst. Die Prärien Nordamerikas oder die Steppen Asiens wurden eindrucksvoll nachgestellt und bieten Lebensraum für viele Tier- und Pflanzenarten.

Die 1978 gegründete Einrichtung dient nicht nur der Forschung, sondern ist auch als Erholung für zahlreiche Besucher gedacht. Der Garten bietet hierfür ein abwechslungsreiches Programm. Neben regelmäßigen Führungen mit wechselnden Schwerpunkten, zum Beispiel Heilpflanzen oder gefährdete Arten, werden auch Konzerte am Teich oder Kunstausstellungen veranstaltet.

Mit der Streuobstwiese mit mehr als 150 Bäumen setzt sich der Ökologisch-Botanische Garten für den Erhalt seltener Obstsorten wie dem europäischen Wildapfel ein. Das Feuchtgebiet bietet einen Ersatzlebensraum für viele Tiere, die inzwischen auf der Roten Liste der bedrohten Arten stehen, und dient als Rastplatz für den sich auf dem Durchflug befindenden Vogel des Jahres 2013: die Bekassine, auch Himmelsziege genannt. Zudem werden Anstrengungen unternommen, den Bestand der im Garten beheimateten Fledermäuse zu erhöhen. Zehn verschiedene Arten, unter anderem die Pechstein- oder die Zwergfledermaus, tummeln sich dort bereits.

Adresse Universitätsstraße 30, 95447 Bayreuth | **ÖPNV** Bus 304, Haltestelle Universität Bayreuth | **Anfahrt** A 9, Ausfahrt Bayreuth-Süd, Hinweisschild Universität folgen | **Öffnungszeiten** März–Okt. Mo–Fr 8–18 Uhr, Sa, So 10–18 Uhr, Nov.–Feb. Mo–Fr 8–16 Uhr, So 10–16 Uhr (Außenanlagen); Di–Do 10–15 Uhr, So, Feiertage 10–16 Uhr (Gewächshäuser) | **Tipp** Nach so viel Uni tut eine Erfrischung sicher gut. In der Universitätsstraße 20, im Kreuzsteinbad, haben Sie Gelegenheit zum Abkühlen.

BAYREUTH

44 Das Urwelt-Museum Oberfranken

Saurier lassen grüßen

Die Fußgängerzone von Bayreuth wartet mit allerhand Überraschendem auf. Klar, wie in allen anderen Städten der Welt gibt es dort Kaffeehäuser, Gaststätten und Einkaufsmöglichkeiten. Aber wie viele haben schon ein sechs Meter hohes Apatosaurusmodell mitten in der Altstadt zu bieten? Der Langhals-Dinosaurier macht schon was her vor der Kulisse der Kulturstadt Bayreuth, und sein Anblick erfreut Kinder wie Erwachsene gleichermaßen.

Der Saurier ist so etwas wie das Aushängeschild des in Bayreuth ansässigen Urwelt-Museums Oberfranken, das sich vorwiegend mit der Paläontologie, Geologie und Mineralogie Oberfrankens beschäftigt. Seit 1997 befindet sich die Sammlung im Lüchenhaus, die Ursprünge reichen aber bis ins Jahr 1833 zurück.

Auf 600 Quadratmetern Ausstellungsfläche gibt es so einiges zu entdecken: Im Treppenhaus wird die Entwicklung des Lebens vom Präkambrium bis zum heutigen Menschen bildhaft veranschaulicht, der zweite Stock bietet Wissenswertes zur Geologie und der prähistorischen Pflanzenwelt Oberfrankens. In der sogenannten Schatzkammer bietet sich die Möglichkeit, einen Goldkristall zu begehen: ein raumgroßes Modell, in dem man durch unzählige Spiegel schnell mal vergisst, wie man dort eigentlich hineingekommen ist. Zudem gilt es, Dinosaurierskelette, wie etwa das von Tanja, einem Giraffenhalssaurier, aus der Bayreuther Muschelkammer zu entdecken. Des Weiteren sind im Urweltmuseum einige sehr seltene Exponate ausgestellt, unter anderem der einzige noch existierende Schädel eines sogenannten Pistosaurus. Im Anschluss an den Museumsbesuch kann man dann noch den Dinosauriergarten begehen, in dem bis zu 15 Meter hohe Modelle aufgestellt sind. Und anschließend in den Drachenkeller, um zu erfahren, was sich die Menschen früher unter den Dinosaurierfossilien vorgestellt haben.

Adresse Kanzleistraße 1, 95444 Bayreuth | **ÖPNV** Linie 302, Haltestelle Luitpoldplatz | **Öffnungszeiten** Di–So 10–17 Uhr | **Tipp** Gleich um die Ecke residiert die Regierung von Oberfranken. Besonders sehenswert ist der Landrätesaal im ersten Obergeschoss.

45 — Die Villa Wahnfried
Wo der Meister residierte

Wir wollen Wagner nicht zu lange warten lassen mit seinem Auftritt. Sonst beginnt er wieder zu schreien. Wie, gibt es nicht? Und wie war das bei der Einladung in Zürich? Der Meister fühlte sich nicht ausreichend beachtet und begann einfach laut zu schreien.

Manchmal stand er auch schlicht kopf, der kleine Mann mit dem gewaltigen Schädel. Zum Beispiel, als er zu Hause in der Bibliothek den brasilianischen Kaiser empfing. Auf dem Flügel balancierend, streckte er da beide Beine in die Luft. Wagner liebte solche Scherze, genoss in vollen Zügen die Verblüffung, die er damit auslöste. Was für eine Lust, sich als französische Kurtisane zu verkleiden, auf Bäume zu klettern, Zeitgenossen nachzumachen oder bei Isoldes Liebestod unter den Tisch zu kriechen und wie ein Hund zu heulen!

Daneben gab es den düsteren, grüblerischen Wagner. Jenen, der sich an sein Haus in Marmor meißeln ließ: »Hier wo mein Wähnen Frieden fand/WAHNFRIED/sei dieses Haus von mir benannt.« Darunter in goldenen Buchstaben Wagners Namenszug, darüber eine Allegorie auf das Kunstwerk schlechthin: Wotan als Wanderer und Philosoph, den Weisheitsraben bei sich, zur Linken die griechische Tragödie, zur Rechten die Musik und zu den Füßen Klein Siegfried mit Pfeil und Bogen. Davor die Büste von Ludwig II., dem König, Mäzen und Freund. Monumentaler geht's nicht, Wagners Wohnhaus ist große Oper.

Am 2. Februar 1872 hatte er das Haus im Stil der Neorenaissance erworben, zwei Jahre später war die Familie eingezogen. Wagners Arbeitszimmer befand sich im Obergeschoss rechts; hier vollendete er die »Götterdämmerung«.

Im Erdgeschoss eine große, als Konzertsaal genutzte Halle, Wohnzimmer, Salon und Bibliothek sowie ein 100 Quadratmeter großer Saal, durch den man über eine Rotunde in den Garten kam, in dem sich mittlerweile die Gruft von Richard und Cosima Wagner befindet.

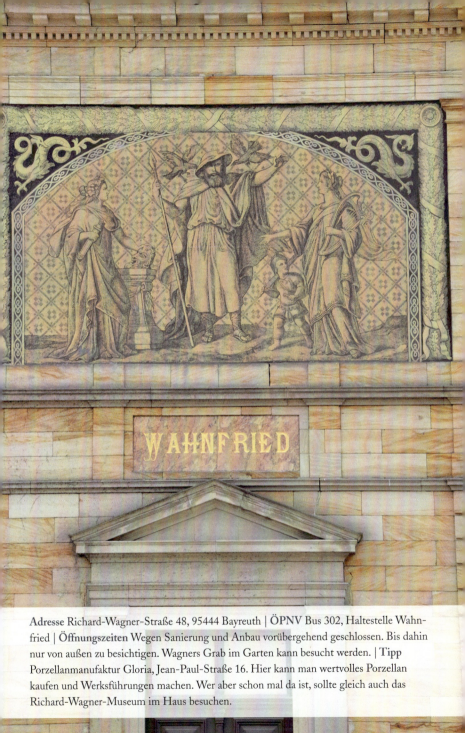

Adresse Richard-Wagner-Straße 48, 95444 Bayreuth | ÖPNV Bus 302, Haltestelle Wahnfried | Öffnungszeiten Wegen Sanierung und Anbau vorübergehend geschlossen. Bis dahin nur von außen zu besichtigen. Wagners Grab im Garten kann besucht werden. | Tipp Porzellanmanufaktur Gloria, Jean-Paul-Straße 16. Hier kann man wertvolles Porzellan kaufen und Werksführungen machen. Wer aber schon mal da ist, sollte gleich auch das Richard-Wagner-Museum im Haus besuchen.

46 Der Wochenmarkt in der Rotmainhalle

Derfs a bissel mehr sein?

Nein, heute ist sie nicht da: Christine Theiss, die Weltmeisterin im Kickboxen. Der »Süddeutschen« hatte sie anvertraut, dass sie gern mit der Mutter über den Wochenmarkt bummelt. »Da scheint die Zeit stehen geblieben zu sein, dieselben Verkäufer wie vor zehn Jahren, dieselben Kunden, dasselbe Sortiment, und jeder kennt jeden.«

Zum Beispiel Anni Steinlein, das Urgestein hinten in der Ecke. »Metzgerei Steinlein« steht drüber. Das klingt wie eine Institution und ist auch eine. Hinter der Ladentheke die Anni, kurze Haare, leuchtend orangefarbener Pullover, grün gestreifte Schürze, die Hände rot, wie es sich für eine Fleischverkäuferin gehört. In der Auslage Schweinelende, Eisbein und Koteletts am Stück, geräucherter Rinderschinken, Salami und Gelbwurst. Seit 25 Jahren, erzählt sie, kommt sie nach Bayreuth. Zweimal die Woche, mittwochs und samstags. Außerdem geht's zweimal nach Erlangen und zweimal nach Bamberg. Mit dem Verkaufsauto. Und natürlich nach Kulmbach zum Schlachten. Daneben der Hofladen in Zochenreuth bei Aufseß, der will ja auch versorgt werden. Kein Wunder, dass sie nicht friert, die Steinleins Anni. Auch wenn es saukalt ist an diesem Tag in Bayreuth. Das spürt auch Angelika Fiedler. Sie bietet Gewürze, Kräuter und Tees an und kommt aus Gefrees. Den griechischen Bergtee bekommt man nur bei ihr und den Langen Pfeffer ebenfalls. Das sind keine herkömmlichen Körner, sondern längliche Beeren vom Pfefferstrauch mit einem süßscharfen Aroma. Er passt zu würzigem Käse, Obst und Weinsoßen.

»Die Halle gibt's schon ewig«, erzählt Angelika Fiedler, »vor dem Wochenmarkt waren die Tierzüchter hier. Dann kamen wir, und am Abend hatten die Basketballer ihr Training.« Stimmt, über dem Stand mit Eiern und Geflügel hängen noch die Körbe an der Wand. Es ist eben eine echte Mehrzweckhalle, diese Rotmainhalle.

Adresse Hindenburgstraße 1, 95445 Bayreuth | **ÖPNV** Bus 301, Haltestelle Rotmainhalle | **Anfahrt** A 9, Ausfahrt Bayreuth-Süd, ins Stadtzentrum und dann über den Hohenzollernring ins Rotmain-Parkhaus | **Öffnungszeiten** Mi, Sa 7–12.30 Uhr | **Tipp** Zur Brotzeit Steinleins Wienerle mit Kartoffelsalat oder die leckere Leberkässemmel probieren. Wem nach einem Kontrastprogramm ist, der findet es im Multiplexkino gleich nebenan.

BAYREUTH-SEULBITZ

47 Das Waldhotel Stein
Wo die Kanzlerin absteigt

Schöner als vom Waldhotel Stein aus kann man Bayreuth nicht liegen sehen. Unendlich weit der Blick, am Horizont die Wälder, davor Hügel und Wiesen und mittendrin wie das Ei im Nest die Stadt. Das genießen sie alle, die ehedem Wichtigen und noch immer Wichtigen, die Kanzlerin und ihr Mann, Klaus von Dohnanyi, Hamburger Bürgermeister a. D., und seine Frau, die Lyrikerin Ulla Hahn, der Minister aus Österreich, der Porzellankönig – nur Richard Burton ist nicht mehr dabei, aus einsichtigen Gründen. Als der hier logierte, erzählt Christa Stein, die Besitzerin, seien die Bäume voll gewesen mit Fotografen.

Der Park, eine Kostbarkeit in Grün. Pavillons, Sitzecken, ein Teich, gute Luft. Wenn Christa Stein Führungen übers Gelände macht mit dem etwas altmodischen Waldhotel in der Mitte, in dem man sich auch Thomas Mann vorstellen könnte, hinüber zu den Gästehäusern mit den Zimmern, Suiten und Appartements, fallen viele prominente Namen.

Angela Merkel und Joachim Sauer (»Ein toller Mann!«), Fürstin Gloria von Thurn und Taxis (»Sie übernachtet inzwischen zu Hause, in Regensburg«), Villeroy & Boch, Berthold Beitz und, und, und. Nicht zu vergessen: Loriot. Der saß gern hier im lauschigen Park, las viel, beobachtete und machte sich Notizen. »Wir befürchteten immer, dass wir mal in einem Sketch von ihm landen«, erzählt Stein. Ist dann aber doch nicht passiert. Oder sagen wir: kaum. Loriot'sche Diskretion eben.

Und unsere Kanzlerin? Nächtigt bescheiden im Doppelzimmer. Einziger Luxus: Kopf- und Fußteil sind elektrisch verstellbar. Und sonst? Irgendwelche Eigenheiten, von denen man nicht weiß? Da wird sie aber so was von einsilbig, die sonst so munter plaudernde Hausherrin. Schaut eisig, abwehrend, leicht vorwurfsvoll. »Sie isst gern gebratene Steinpilze«, sagt sie dann. Und nun Schluss mit der Schlüssellochguckerei. Die Gäste sollen schließlich wiederkommen.

Adresse Seulbitzer Straße 79, 95448 Bayreuth-Seulbitz, www.waldhotel-stein.de | **Anfahrt** A 9, Ausfahrt Bayreuth-Nord, Richtung Eremitage, dann Lohengrin-Therme und den Schildern folgen. Aber bitte! Der Chauffeur wird den Weg schon finden. | **Öffnungszeiten** um die Weihnachtszeit geschlossen | **Tipp** Wer noch etwas für die Gesundheit tun will: Die Lohengrin-Therme liegt direkt auf dem Weg.

BETZENSTEIN

48 Der Abenteuerpark
Flug übers Freibad und andere Spektakel

Sind Sie schon mal über ein Freibadbecken geflogen? In sieben Meter Höhe über dem Erdboden Schlitten gefahren? Von einer Baumkrone zur nächsten geradelt? Nein, Sie nehmen keine Drogen? Brauchen Sie auch nicht. Besuchen Sie einfach den Abenteuerpark in Betzenstein. Dort warten neun Hochseilgarten-Parcours für sportliche oder auch nicht so sportliche Menschen aller Altersklassen, darunter der Seilbahnparcours, bei dem man – gut in Sicherungsgeschirr festgezurrt – zweimal über das Betzensteiner Freibad hinwegschwebt, der Schlittenparcours, bei dem man in Baumwipfelhöhe über den Klauskirchenberg »rodelt«, und schließlich der Risikoparcours, bei dem es gilt, mit dem Fahrrad auf einer knapp 70 Zentimeter breiten, 14 Meter langen und zehn Meter hohen Hängebrücke von Baum zu Baum zu fahren, natürlich mit bester Absturzsicherung.

Wer es nicht ganz so spektakulär liebt, der kann an einer Felswand entlangklettern oder luftige Waldspaziergänge über Hängebrücken, Baumstämme und Netze unternehmen, je nach Mut in verschiedenen Höhenlagen und bei entsprechender Kälteresistenz nach Voranmeldung sogar im verschneiten Winterwald. Den krönenden Abschluss könnte dann der Tarzansprung bilden: an einer »Liane« in ein zehn Meter entferntes Netz. Eine »True-HD-Helmkamera«, die das Wagnis für künftige Enkelkinder aufzeichnet, können Sie ausleihen. Den Schrei nimmt ohnehin Ihr Smartphone auf.

Dass das Klettererlebnis gefahrlos verläuft, dafür sorgen die Abenteuerpark-Trainer, die jedem Neuankömmling im Einweisungsparcours zunächst die Sicherungstechnik und das richtige Verhalten unterwegs beibringen. Wer sich sehr unsicher fühlt, kann sich auch während der Tour von einem Trainer begleiten lassen. Und wer seine Geburtstagsgäste dabeihat, der kann nach allen bestandenen Abenteuern den Tag gemütlich bei Lagerfeuer und Grillfleisch ausklingen lassen.

Adresse Hauptstraße 68, 91282 Betzenstein, www.abenteuerpark-betzenstein.de | **ÖPNV** Regionalbus 391 beziehungsweise 386 | **Anfahrt** A 9, Ausfahrt Plech, dem Straßenwegweiser nach Betzenstein folgen, dann Beschilderung »Abenteuerpark« | **Öffnungszeiten** siehe Homepage; Lederhandschuhe mitbringen | **Tipp** Ein Rundwanderweg führt durchs romantische Felsgebiet (»steinerner Elefant«) des Langenbergs, Markierung »roter Fuchs«, Ausgangspunkt an der Straße von Betzenstein über Stierberg zur B 2 kurz vor Einmündung in die B 2.

BUBENREUTH

49 Das Instrumentenbaumuseum
Wo Paul McCartney seinen E-Bass kaufte

Was denken Sie, wo die Beatles, die Stones, Deep Purple, The Animals, The Kinks, The Police, Status Quo und Roxy Music ihre Instrumente herhatten? Oder die ersten »Bamberger Symphoniker«? Oder Elvis Presley? Oder der Geigenvirtuose Yehudi Menuhin? Na ja, wahrscheinlich von überall her, werden Sie sagen, vielleicht aus Memphis, aus Wien, aus Cremona, je nachdem ... Ja, vielleicht. Aber zumindest eines hatte jeder von ihnen aus Bubenreuth, und nicht selten war es das meistgeliebte.

Bubenreuth? Ja, ein Dorf nördlich von Erlangen, das 1945 nicht einmal 500 Einwohner hatte. 15 Jahre später waren es allerdings fast 2.500. Die neu Hinzugezogenen wurden andernorts »Zigeuner« genannt, denn sie waren Katholiken. Sie stammten aus dem Egerland, genauer gesagt aus dem böhmisch-sächsischen Musikwinkel, der so hieß, weil man dort seit dem 17. Jahrhundert den Saiteninstrumentenbau pflegte. Das konfessionell gemischte Bubenreuth hatte kein Problem, die Flüchtlinge im Ort aufzunehmen, und so konnten sich deren Fertigkeiten hier zu neuer Blüte entfalten. 1959 war das Bauerndorf zur europäischen Metropole des Saiteninstrumentenbaus geworden. 100 Instrumentenbau-Betriebe gaben 2.000 Ortsbewohnern und Einpendlern Arbeit. Gebaut wurde alles, was Saiten hat, von Zither, Mandoline und Balalaika über Gitarre, Harfe und Meistergeige bis zu Banjo, Westerngitarre, Jazzgitarre und E-Bass. Elvis Presley, Vico Torriani und Peter Kraus reisten höchstpersönlich in das fränkische Dorf, um »ihre« Bubenreutherin in die Arme zu schließen.

So viel zum neugierig Machen. Den Rest erfahren Sie im derzeit im Aufbau befindlichen Museum. Und dort sehen Sie natürlich auch den legendären Beatles-Bass mit Widmung von Paul McCartney oder den Brief von Yehudi Menuhin an den Bogenmacher F. K. Müller mit dem unüberbietbaren Lob: »Sie dürfen meinen Namen für Ihren besten Bogen verwenden.«

Adresse Birkenallee 51, 91088 Bubenreuth, www.bubenreutheum.de | **ÖPNV** ab Nürnberg (Hauptbahnhof) oder Forchheim (Bahnhof) S-Bahn S1, Haltestelle Bubenreuth Bahnhof | **Anfahrt** A73, Ausfahrt Erlangen-Nord, den Straßenschildern folgen, dann der Hauptstraße (Birkenallee) folgen | **Öffnungszeiten** Führungen auf Anfrage unter Tel. 0931/9086158 oder info@bubenreutheum.de | **Tipp** Unternehmen Sie einen Spaziergang durch die ehemalige Bubenreuther Geigenbauersiedlung rund um die Schönbacher Straße und den Werkstättenweg.

50 Das Levi-Strauss-Museum
Geburtshaus des Bluejeans-Erfinders

Die Bluejeans ist die Hose des Cowboys und stammt aus den USA. Richtig? Halb. Denn genau genommen stammt sie aus Franken, zumindest aus einem fränkischen Kopf.

Der Besitzer dieses Kopfes, 1829 in einer armen Buttenheimer Familie geboren und als 17-Jähriger Halbwaise geworden, war mit Mutter und Geschwistern nach New York ausgewandert und dann, 1853, im Zuge des Goldrausches nach San Francisco gezogen, wo er mit Bruder und Schwager einen Kurzwaren- und Stoffhandel eröffnete. Was ihm bald auffiel, war, dass die Goldgräber durch das Buddeln im Dreck immer recht schnell ihre Hosen verschlissen.

Er dachte über einen strapazierfähigen Stoff nach und kam auf »Serge de Nîmes«, einen robusten Baumwollstoff, der ursprünglich aus dem französischen Nîmes stammte. Etwa zur gleichen Zeit hatte der Schneider Jacob Davis die Idee, die Ecken der Hosentaschen mit Nieten zu verstärken. Die beiden taten sich zusammen und erwarben am 20. Mai 1873 das Patent für vernietete Arbeitskleidung. Als Schnittvorbild hatte sich der Schneider »Gênes« genommen, Baumwollhosen aus der Gegend um Genua, die nach der französischen Form des Städtenamens benannt waren. Für die Amerikaner wurden daraus genauso schnell »Jeans« wie aus »Serge de Nîmes« »Denim« wurde. Die Denim-Jeans war geboren, und weil der Stoff eine blaue Indigofärbung hatte, hieß sie Blue-Denim-Jeans, kurz Bluejeans. Der erste Mann, der eine anzog, soll damit die ganze Nacht durch die Stadt gelaufen sein und jedem davon erzählt haben. Als Levi's 501 wurde das geschätzte Beinkleid schließlich zur Kultmarke, denn der Mann aus Buttenheim hieß Löb Strauß und nannte sich in den USA Levi.

Sein Geburtshaus in Buttenheim ist heute das Levi-Strauss-Museum, das mit moderner Präsentationstechnik alles erzählt, was es rund um die Jeans zu sagen gibt. Und was es im Museumsshop zu kaufen gibt, das können Sie sich denken.

Adresse Marktstraße 31–33, 96155 Buttenheim, www.levi-strauss-museum.de | **ÖPNV** von Nürnberg (Hauptbahnhof) oder Forchheim (Bahnhof) S-Bahn S1, Haltestelle Buttenheim Bahnhof | **Anfahrt** A73, Ausfahrt Buttenheim, Richtung Buttenheim Mitte, dann der Beschilderung folgen | **Öffnungszeiten** März–Okt. Di, Do 14–18 Uhr, Sa, So, Feiertag 11–17 Uhr; Nov.–Feb. Di, Do 14–17 Uhr, Gruppen nach Vereinbarung | **Tipp** 200 Meter rechts der Straße von Buttenheim nach Seigendorf befindet sich der jüdische Friedhof von Buttenheim. Ein sehr schöner Bierkeller ist der St.-Georgenbräu Bierkeller in der Kellerstraße, 96155 Buttenheim.

51 Der Lindenhardter Altar
Grünewald oder nicht Grünewald? Das ist die Frage.

Ist er nun vom einen Künstler oder doch vom anderen? Oder ist das am Ende gar nicht so wichtig? Denn, nicht wahr, auch die zweitbeste Lösung wäre noch eine sehr gute Lösung. Hans von Kulmbach ist ja nicht irgendwer, sondern ein namhafter Maler aus der Dürer-Factory. Der beste vielleicht neben dem Meister selbst. Wenn es also wirklich zuträfe, dass nicht Matthias Grünewald selbst Hand angelegt hat am Altar in der St. Michaelskirche in Lindenhardt anno 1503, sondern »nur« Hans von Kulmbach: Wäre das so schlimm?

Klar, Grünewald, allein schon der Name, besitzt eine große Anziehungskraft. Beschert der kleinen Gemeinde im Sommer am Tag 35 Besucher im Schnitt. Das ist nicht nichts. Und dennoch: Ein nicht entschiedener, in der Schwebe gehaltener Konflikt, ist das nicht allemal interessanter als die kunsthistorisch verbürgte Lösung, an der nicht zu deuten ist?

Pfarrer Ulrich Bauer und seine Frau Dorina sagen: Klarer Fall, ein Grünewald. Diese Finger, das kann nur Grünewald, die dicken Backen, der kleine Mund, der Faltenwurf. Und hat ihn nicht gerade erst der Freistaat für teures Geld restaurieren lassen? Macht man das bei einem Werk, dessen Schöpfer nicht bekannt ist?

Der Fall wäre ja auch längst klar, hätte nicht Italo Bacigalupo diese Gegenexpertise verfasst. Der war eine Zeit lang selbst Pfarrer in Lindenhardt und hatte der Gemeinde sogar einen Kirchenführer geschrieben. Und nun, auf seine alten Tage, bringt er eine Doktorarbeit heraus mit dem Ergebnis: Die Lindenhardter Tafelbilder stammen nicht von Grünewald. St. Georg, heiliger Christophorus, Drache, Pfeilspitze, alles nicht sein Stil.

Alles Quatsch, sagen sie in Lindenhardt, eine singuläre Expertenmeinung. Durch keine wissenschaftliche Expertise belegt. Ein veritabler Kunststreit also! Wie schön! Eindeutige Grünewalds haben wir genug, den nicht ganz eindeutigen haben sie nur im schönen Lindenhardt.

Adresse Pfarramt Lindenhardt, Marktstraße 6, 95473 Creußen-Lindenhardt, Tel. 09246/263 | **Anfahrt** A 9, Ausfahrt Creußen oder über die B 2 | **Öffnungszeiten** Führungen April–Okt. täglich 9–11.30 Uhr und 13.30–18 Uhr | **Tipp** Besichtigen Sie am Abend den historischen Ortskern der alten Steinzeuggemeinde Creußen.

52 Die Burg Feuerstein
Vom Saulus (?) zum Paulus

Diese Burg ist weder mittelalterlich noch spätromantisch, sie ist schlicht ein Trick. Der Mann, der sie erbauen ließ, Oskar Vierling, war ein gewitzter Ingenieur und Physikprofessor. Er hatte 1933 das »Elektrochord« erfunden, einen elektronisch verstärkten Flügel, und kurze Zeit darauf, finanziert von »Kraft durch Freude«, die »Großton-Orgel«. Diese erzeugte einen elektronischen Glockenklang, der den Nationalsozialisten wirkungsvoll erschien. Das Instrument kam bei der Olympiade 1936 in Berlin zum Einsatz und 1937 auf dem Reichsparteitag in Nürnberg. 1941 bekam der Elektroakustik-Experte von der Wehrmacht Forschungsaufträge. Dazu war ein Labor nötig, zentral gelegen, aber nicht erkennbar und wegen der nötigen Hochfrequenzforschungen an exponierter Stelle.

So gab Vierling auf der Feuerstein-Anhöhe bei Ebermannstadt eine »fränkische Burg« in Auftrag, deren vorgetäuschte Funktion ein Lazarett war. Vier Jahre lang arbeiteten dort bis zu 250 Leute und entwickelten unter anderem »akustisch gesteuerte Torpedos« und »Anti-Radar-Beschichtungen für U-Boote«. Wer weiß, vielleicht auch nur zum Schein. Eine Theorie zumindest besagt, Vierling wollte all die Wissenschaftler und Elektroingenieure schlicht vor dem Fronteinsatz bewahren.

Als Parteimitglied jedenfalls hatte er einen schweren Stand. Wegen seiner mangelnden Beteiligung an Parteiarbeit schien er der NSDAP sogar verdächtig. Dieser Tatsache verdankte er es schließlich, dass er 1949 wieder einen Lehrauftrag für Physik an der Philosophisch-Theologischen Hochschule in Bamberg bekam. Im selben Jahr kaufte das Erzbistum Bamberg die bei Kriegsende von den Amerikanern beschlagnahmte Burg und baute sie zu einem Jugendbildungshaus um.

Seitdem und bis heute, nach vielen An- und Umbauten und der Errichtung einer Kirche im Jahr 1961, ist Burg Feuerstein die zentrale Jugend- und Begegnungsstätte der Erzdiözese Bamberg.

Adresse Burg Feuerstein 2, 91320 Ebermannstadt, www.burg-feuerstein.de | **Anfahrt** über B 470, ab Ebermannstadt Richtung Drosendorf, den Straßenschildern folgen | **Öffnungszeiten** Burg nur zu Kursen und Veranstaltungen, Kirche steht Besuchern in der Regel offen | **Tipp** In Ebermannstadt empfiehlt sich ein Besuch der Marienkapelle (Kapellenplatz), des ältesten und kostbarsten Bauwerks der Stadt.

EBERMANNSTADT

53 Die Dampfbahn
Längstes Museum der Fränkischen Schweiz

Wünschen Sie sich manchmal eine Zeitmaschine? Sich mal kurz um einige Generationen zurückversetzen lassen? Fahren Sie zum Bahnhof Ebermannstadt. Steigen Sie dort aus der Regionalbahn oder Ihrem Auto aus und in die Dampfbahn ein. Schon geschehen.

Der Duft der 1920er Jahre umfängt Sie, glänzende Holzbänke laden zum Platznehmen ein. Dann ertönt höllischer Lärm, das Ding setzt sich in Bewegung, schwarze Rauchschwaden ziehen draußen vorbei, deren Gestank irgendwie gut schmeckt. Sie stecken den Kopf aus dem Fenster, sehen am Zuganfang die schwarze Lok mit ihrem qualmenden Schlot, sehen andere Köpfe, sehen Menschen auf offenen Plattformen winken und johlen, der Fahrtwind flattert in Ihren Ohren. Das ist das Zugfahrerlebnis, das Uroma und Uropa in ihrer Kindheit hatten. Ratternd nimmt das Gefährt Tempo auf, fliegt durch Wiesen und Felder, überquert die Wiesent und bremst vor dem Bahnhof von Gasseldorf wieder ab. Später dann Streitberg, rechts auf dem Fluss Kajaks, links Motorradfahrer, auf der Höhe die Ruine Neideck, die Bilderbuchlandschaft des Wiesenttals.

Nur schade, denken Sie, dass Sie das Ganze jetzt nicht von oben sehen, es muss aussehen wie die schönste Modelleisenbahnanlage. Nach 45 Minuten und fünf Zwischenstopps sind Sie an der Endhaltestation Behringersmühle angelangt und damit wieder in der Jetztzeit.

Zu verdanken ist das außerordentliche Vergnügen dem »Dampfbahn Fränkische Schweiz e. V.«. Als 1974 bekannt wurde, dass die Bundesbahn die Strecke zwischen Ebermannstadt und Behringersmühle stilllegen will, gründeten einige Idealisten den Verein mit dem Ziel, sie zu erhalten. Es war nicht einfach, aber es klappte. Heute ist die 16-Kilometer-Trasse das längste Museum der Fränkischen Schweiz. Auf ihr verkehren im Sommerhalbjahr sonn- und feiertags zwei bis drei Dampfloks, drei Dieselloks, eine Triebwagengarnitur und zwölf historische Reisezugwagen.

Adresse Bahnhofsplatz, 91320 Ebermannstadt | **ÖPNV** ab Forchheim (Bahnhof) R-Bahn R 22, Haltestelle Ebermannstadt (Bahnhof) | **Anfahrt** über A 73, von Norden Ausfahrt Buttenheim, von Süden Ausfahrt Forchheim Süd, den Straßenschildern folgen, in Ebermannstadt von der B470 auf die Bahnhofstraße abbiegen (Ausschilderung »Bahnhof«) | **Öffnungszeiten** siehe www.dfs.ebermannstadt.de | **Tipp** Erklimmen Sie den Zuckerhut, der eine prächtige Aussicht übers Wiesenttal bietet: vom Bahnhof auf den Kreuzberg, dann Wanderweg »blauer Senkrechtstrich« Richtung Norden.

EBERMANNSTADT

54 __ Die Sternwarte Feuerstein
Wo große Leute zu Kindern werden

Oskar Vierling (siehe Seite 112) ist tot. Der Forschergeist auf dem Feuerstein lebt. 1999, 13 Jahre nach Vierlings Tod, errichtete der promovierte Physiker Frank Fleischmann keine drei Kilometer von der Burg entfernt ein neues Labor und eine Sternwarte. So wie Vierling den Burgturm beim Test der ersten Richtfunkstrecke nutzte, nutzt Fleischmann diesen Turm heute als Richtfunkstation zur Verbindung nach Ebermannstadt. Der Mann, der hauptberuflich digitale Kameras für Medizintechnik und Weltraumfahrt entwickelt, darunter bereits die größte Kamera der Welt mit 110 Megapixeln, versorgt über Richtfunkstrecken und Erdkabel einige rund um Ebermannstadt gelegene Ortschaften mit Internet. Aber das ist nur ein kleiner Teil seiner ehrenamtlichen Tätigkeit.

Hauptsächlich geht es Frank Fleischmann darum, seine Leidenschaft für Astronomie in die Bevölkerung zu tragen. Und das gelingt ihm mit Leichtigkeit. Denn wenn Fleischmann anfängt, von Planeten, Sonnen und Galaxien zu erzählen, dann tut er dies so anschaulich, dass man immer mehr wissen will und immer mehr ins Staunen kommt. Wer sich bei ihm zu einem Termin anmeldet, kann durch verschiedene Teleskope den eine Lichtsekunde entfernten Mond ebenso anschauen und fotografieren wie die drei Millionen Lichtjahre entfernte nächste Milchstraße. Wen es interessiert, dem zeigt Fleischmann mit einem Laser die Umrisse der Sternbilder, oder er erklärt die Gezeiten, indem er seine Besucher an der Hand fasst und mit ihnen Mond und Meer spielt. In seiner Gegenwart ist jeder Kind.

Ein Besuch lohnt sich auch am Tag wegen des von ihm initiierten Planetenwegs. In Fleischmanns Mini-Sonnensystem befindet sich die »Sonne« direkt neben der Sternwarte – die Wanderung zu allen Planeten, die um sie »kreisen«, dauert etwa zweieinhalb Stunden. Der nächste Stern befindet sich diesem Maßstab gemäß in Neuseeland …

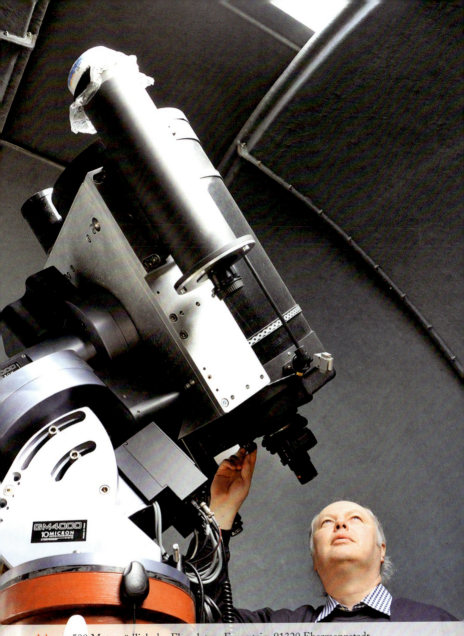

Adresse 500 Meter südlich des Flugplatzes Feuerstein, 91320 Ebermannstadt, www.sfeu.ebermannstadt.de | **Anfahrt** über B 470, ab Ebermannstadt Richtung Drosendorf bis Flugplatz-Parkplatz, aber hier 10 Minuten Fußweg | **Öffnungszeiten** Anmeldung unter Tel. 09194/518865 oder ff@fonline.de | **Tipp** Unternehmen Sie vom Flugplatz aus einen kurzen Rundflug oder beobachten Sie das Fluggeschehen von der Flugplatzgaststätte aus.

55 Schloss und Park Fantaisie
Schöner blühen oder: mehr Friederike als Wilhelmine

Dass Markgräfin Wilhelmine mit den schönen Künsten etwas anzufangen wusste, dürfte in Bayreuth inzwischen allen klar sein. Ihr Opernhaus brachte schließlich Wagner erst hierher, und das Stadtbild ist von ihren (neuen und alten) Schlössern geprägt. Ein weiteres von »Wilhelmines« Schlössern steht etwa acht Kilometer außerhalb von Bayreuth in Eckersdorf-Donndorf. Es hört auf den Namen Fantaisie und war als zweite Sommerresidenz neben der Eremitage gedacht. Man gönnt sich ja sonst nichts.

Jedoch konnte Wilhelmine selbst nicht einmal den Baubeginn 1761 miterleben, denn sie verstarb schon 1758. Wilhelmines Mann Friedrich verstarb dann 1763, und die Tochter Prinzessin Friederike Sophie erbte das Anwesen. Von ihr stammen auch der Name Fantaisie und die Pläne für die Inneneinrichtung.

Das sogenannte »Intarsienkabinett« der Gebrüder Spindler ist eines der wichtigsten Werke des Bayreuther Rokoko. Im Prinzip sind damit Wände und Fußboden eines mittelgroßen Raumes gemeint, aber Intarsienkabinett klingt doch gleich ganz anders. Die faszinierende Detailarbeit scheint der Grund zu sein, weshalb es auch schon weit herumgekommen ist, es wurde mehrmals verkauft und wieder zurückgekauft, 1943 sogar in die USA. Im Jahr 1960 gelangten drei Wände und der Fußboden wieder zurück nach Bayern, ins Bayerische Nationalmuseum nach München. Aus konservatorischen Gründen wird im Schloss jedoch nur eine aufwendige Kopie ausgestellt, die mit den bekannten Techniken aus dem Rokoko hergestellt wurde. Auch interessant ist der »Weiße Saal«, der nun, ja, weiß ist und außerdem sehr viele ornamentale Stuckarbeiten an Wänden und Decke enthält.

Im Jahr 2000 wurde im Schloss das erste deutsche Gartenkunstmuseum eingerichtet, welches Themen wie Bauwerke im Garten, Wasser im Garten und berühmte Gärten unter anderem in Videos darstellt.

Adresse Bamberger Straße 3, 95488 Eckersdorf-Donndorf, www.schloesser.bayern.de | **ÖPNV** ab ZOH Bus 325, Haltestelle Hotel Fantaisie | **Anfahrt** über die B 22 Richtung Hollfeld, circa 9 Kilometer von Bayreuth entfernt | **Öffnungszeiten** April – Sept. 9 – 18 Uhr; 1. – 15. Okt. 10 – 16 Uhr, Mo geschlossen, 16. Okt. – März geschlossen | **Tipp** Mit der Kombikarte »Die Welt der Wilhelmine« kann man auch gleich alle Schlösser in und um Bayreuth besuchen.

EGGOLSHEIM-NEUSES

56 — Die Blaue Maus
Deutschlands älteste Malt-Whisky-Destillerie

Unterfranken ist Weinland, Oberfranken ist Bierland. So ist das. So wäre das – wenn sich die Zeiten nicht ändern würden. Langsam, aber unaufhaltsam vereinen sich Unter- und Oberfranken nämlich unter dem Zeichen des Whiskys. Hier wie dort treten Whisky-Produzenten auf den Plan und finden ihre Fangemeinden.

Pionier war die Destillerie »Blaue Maus« in Eggolsheim-Neuses. 1983, als sie noch gar nicht so hieß, wurde hier erstmals ein Single-Malt-Whisky produziert, der 1996 als »Piratenwhisky« auf den Markt trat, zu einer Zeit, als es die Polit-Piraten noch lange nicht gab. Wie es dazu kam? Ohne Grund. Auf Rat des damaligen Zollbeamten hatte Robert Fleischmann, der seit einigen Jahren Obstbrände herstellte, einfach auch mal Malz eingemaischt und destilliert. Die ersten Ergebnisse waren schrecklich, doch schon 1985 nannte ein befreundeter US-Soldat und Whisky-Kenner das Getränk »really lovely«, was Fleischmann zu weiterem Üben anspornte. Der Hinweis »Pur Malt Whisky« auf dem Etikett lockte Whisky-Papst Walter Schobert heran. Er kam, schaute, probierte und zog mit dem Satz »Dann gibt es jetzt einen Malt in Deutschland« wieder von dannen. Kurze Zeit später tauchte die Blaue Maus in seinem »Malt Whisky Guide« auf. Inzwischen produzieren Robert Fleischmann und Sohn Thomas zehn verschiedene »Single Cask Malt Whiskys«, darunter die »Blaue Maus«, den »Grünen Hund«, den »Spinnaker« und die »Seute Deern« (süßes Mädchen), die Zimt-, Nelke- und Ingweraromen verspricht.

Was all diese Seemannsnamen in Franken verloren haben? Gar nichts. Robert und Thomas Fleischmann fuhren während ihrer Marinezeit zur See und haben dort offenbar ein wenig ihr Herz verloren. Deshalb ist auch das Lokal »Zur Blauen Maus« rundherum seemännisch eingerichtet und gibt es dort zu bestimmten Zeiten Labskaus und Kohl und Pinkel. Klingt völlig verrückt? Mag sein. Ist aber ganz und gar wahr.

Adresse Bamberger Straße 2, 91330 Eggolsheim-Neuses, www.fleischmann-whisky.de | **ÖPNV** ab Forchheim (Bahnhof) S-Bahn S1, Haltestelle Eggolsheim (Bahnhof), von hier 5 Minuten Fußweg | **Anfahrt** über A73, Ausfahrt Forchheim Nord, Staatsstraße 2244 Richtung Eggolsheim, den Straßenschildern nach Neuses folgen | **Öffnungszeiten** Geschäft Mo–Fr 7.30–18 Uhr, Sa 7.30–13 Uhr, Lokal Fr–So ab 19 Uhr | **Tipp** Erforschen Sie das Freigelände der Umweltstation Liasgrube Unterstürmig (Liasgrube 1, 91330 Eggolsheim-Unterstürmig), siehe auch www.umweltstation-liasgrube.de.

EGLOFFSTEIN

57 Die Felsenkeller
Geheimnisvolles Labyrinth im Burgberg

Die Egloffsteiner Felsenkeller haben eine wichtige Eigenschaft: Sie wurden nicht gebaut, um darin Bier zu lagern. Sie sind ein reines Abfallprodukt. Der Grund, warum man in Egloffstein im Mittelalter mit dem Graben begann, war, dass im Burgareal Baumaterial gebraucht wurde, insbesondere Sand. Und den gab es zur Genüge unter dem Dolomitfelsen des Burgbergs in Form von Braunem Jura, auch Dogger genannt. Also ließen die Adeligen den bröseligen Stein, wo es nur ging, aus dem Berg herausbefördern. Übrig blieben 14 Gänge, kreuz und quer durch den Berg, mit einer Gesamtlänge von rund 600 Metern und einer Breite von meist vier Metern. Nach Gründung des Königreichs Bayern 1806 wanderten sie in Privatbesitz, und der naheliegende Gedanke der neuen Eigentümer war nun, sie für Lagerzwecke zu nutzen. Die Metzger lagerten Fleisch und Wurst darin, die Bauern Kartoffeln und Rüben – und die Brauer Bier. Bis 1940 wurde auch weiterhin Sand abgebaut. Und im Zweiten Weltkrieg dienten die Keller als Zufluchtsstätte bei Fliegerangriffen.

Heute sind es meist Neugierde und Abenteuerlust, die Menschen in die düsteren Gänge treiben. Über zwei Eingänge kann man sie erkunden, beide unterhalb der Felsenkellerstraße neben dem Parkplatz der Raiffeisenbank. Der rechte führt in ein kleineres Ganggebiet, der linke in ein labyrinthisch weit verzweigtes System. Taschenlampe nicht vergessen. Und bitte nicht zwischen Oktober und April, denn da wollen die Fledermäuse schlafen.

Ohnehin ist das Kellerbegehen im Sommer vergnüglicher, vor allem bei einer Führung mit Tourismusverein-Vorsitzendem Michael Wirth. Der nämlich lässt nicht nur die Gänge im Schein von 60 Kerzen erstrahlen, er weiß auch etliche Geschichten zu erzählen, weiß, wo noch Kartoffeln lagern, wo vergessene Fleischerhaken hängen und wo so manches geheime Schlupfloch ist. Denn er selbst hat als Bub alles gründlich erforscht …

Adresse Höhe Felsenkellerstraße 20, 91349 Egloffstein | **ÖPNV** ab Gräfenberg (Bahnhof) Regionalbus 226, Haltestelle Egloffstein Talstraße | **Anfahrt** über B 2, Abzweigung bei Gräfenberg oder bei Obertrubach Richtung Egloffstein, den Straßenschildern folgen, in Egloffstein an der Kreuzung links in die Felsenkellerstraße einbiegen | **Öffnungszeiten** Führungen siehe www.egloffstein.biz oder nach Anfrage unter Tel. 09197/202 oder 09197/1544 | **Tipp** Egloffstein hat ein schönes, im Grünen gelegenes Freibad (am Ende der Badstraße).

58 Die Komtessenruh
Oder Goethes Faible für die Damen von Egloffstein

Der Name Egloffstein war Johann Wolfgang von Goethe höchst geläufig. Nicht etwa, weil der Geheimrat auf Burg Egloffstein seine Urlaube verbracht hätte, sondern weil am Weimarer Hof in den Jahrzehnten um 1800 etliche Mitglieder der Familie von Egloffstein zugange waren. Drei Damen schätzte Goethe ganz besonders: Henriette, Caroline und Julie.

Henriette wurde auf der Stammburg geboren und kam als 14-Jährige nach Weimar, um am dortigen Hof ausgebildet zu werden. Offenbar mit Erfolg, denn mit 29 hatte sie sich zu einer so gebildeten und reizvollen Dame entwickelt, dass Goethe sie als seine Partnerin in dem von ihm gegründeten »Liebeshof« erwählte, einer heiteren Gesprächsrunde, zu der neben Ehepaar Schiller auch Henriettes Bruder und dessen Ehefrau Caroline gehörten. Diese Caroline war die beste Freundin Henriettes, stammte von Schloss Heckenhof bei Aufseß und hatte ihren künftigen Gatten Gottlob über sie kennengelernt. Durch Letzteren wurde Caroline am Weimarer Hof Oberkammerherrin. Goethe widmete ihr mehrere Gedichte und bedachte sie mit den Zuschreibungen »heiter, klug, gesellig, verständig«. Seinen Tod fand er höchstwahrscheinlich in dem Großvaterstuhl, den Caroline ihm zur Erleichterung seiner Leiden aus Heckenhof hatte bringen lassen.

Bleibt Julie. Sie war eines der fünf Kinder Henriettes, die diese in der aufgezwungenen Ehe mit ihrem Vetter geboren hatte. Ihr schrieb König Ludwig I., nachdem sie ihn porträtiert hatte: »Schade, dass Sie Hofdame waren, Sie würden sonst eine große Malerin geworden sein.« Er täuschte sich. Julie wurde eine große Malerin. Von Goethe, der sie besonders liebte, malte sie zwei große Ölbilder. Später wurde sie Ehrenmitglied der Accademia di San Luca in Rom.

Eines von Goethes Julie-Gedichten ist an Julies Lieblingsplatz in Egloffstein auf eine Bronzetafel geschrieben. Diesen Platz nennt man heute »Komtessenruh«.

Adresse unterhalb des Burgfelsens von Burg Egloffstein, 91349 Egloffstein, Zugang über den Hof von Kirchenweg 68 (Beschilderung) | **ÖPNV** ab Gräfenberg (Bahnhof) Regionalbus 226, Haltestelle Egloffstein Talstraße | **Anfahrt** über B 2, Abzweigung bei Gräfenberg oder bei Obertrubach Richtung Egloffstein, den Straßenschildern folgen, in Egloffstein an der Kreuzung links in die Felsenkellerstraße, hier am besten parken, zu Fuß dann halb rechts in die Burgbergstraße, später rechts in den Kirchenweg | **Tipp** Ein weiterer schöner Platz ist der Pfarrfelsen nördlich des Ortes oberhalb der Trubach – Aufstieg mit gelbem Ring.

EGLOFFSTEIN

59 Die Mühle
Mit Wasserstrom aufs E-Bike

Wo ein Flüsslein, da ein Strom. Schon in alten Zeiten nutzte eine Mühle in Egloffstein die Kraft der Trubach. Heute wird im Müllershaus nicht mehr Mehl gemahlen, sondern Erholungsbedürftige können dort ihre Ferien verbringen. Den Strom der Trubach verwandelt ein zeitgemäßes Kraftwerk in Elektrostrom, von dem seit über 20 Jahren E-Mobil-Nutzer profitieren können.

Wenn ich den Strom schon vor der Nase habe, dachte sich Pensionsbetreiber Erich Wirth, dann will ich auch damit Auto fahren. Und kaufte sich 1991 eines der ersten Elektroautos, die auf den Markt kamen. Die Ladestation, die er sich dazu einrichtete, bot er der Öffentlichkeit zur Mitnutzung an. Gegen Münzeinwurf konnte an der »Pension Mühle« von nun an jeder E-Auto-Besitzer frischen Trubach-Strom zapfen. Eine »Stromtankstelle« war aus der Taufe gehoben, die erste Stromtankstelle Bayerns. Von hier war der Schritt nicht weit zum E-Fahrrad.

Sofort als die Nürnberger Firma Herkules 1992 das erste Modell im Katalog hatte, kaufte Wirth drei elektromotorunterstützte Stahlrösser für seine Pensionsgäste. Doch noch 20 Jahre sollten vergehen, bis das E-Bike zum großen Trend wurde.

2012 tritt der Bad Reichenhaller Anbieter »movelo« auf den Plan mit Bike-Leasing- und Akkuwechselsystem, an dem sich viele Tourismusanbieter beteiligen können. Die »E-Bike-Region Fränkische Schweiz« wird offiziell ausgerufen. Neben der »Pension Mühle« mit ihren vier E-Bikes gibt es in dem landschaftlich reizvollen Gebiet nun weitere 14 E-Bike-Verleih- und 18 E-Bike-Akkuwechsel-Stationen. Die Jurahöhen, welche die Gegend so spannend machen, sind jetzt auch von weniger Trainierten zu bewältigen. Legen Sie Ihre Routen so, dass Sie rechtzeitig an die nächste Akkutauschstation kommen (siehe www.fraenkische-schweiz.com, Stichwort E-Bike-Region), und schon geht es kraftsparend die nächste Steigung hinauf – stundenlang, tagelang, wochenlang.

Adresse Talstraße 10, 91349 Egloffstein, www.pension-muehle.com | **ÖPNV** ab Gräfenberg (Bahnhof) Regionalbus 226, Haltestelle Egloffstein Talstraße | **Anfahrt** über B 2, Abzweigung bei Gräfenberg oder bei Obertrubach Richtung Egloffstein, den Straßenschildern folgen, die Mühle befindet sich nach dem Ortseingang rechts | **Öffnungszeiten** April–Okt. | **Tipp** Erkunden Sie das gesamte Trubachtal per E-Bike.

EGLOFFSTEIN-HUNDSHAUPTEN

60 Der Wildpark
Aug in Aug mit Wolf und Wisent

»Ich glaub, mich knutscht ein Elch.« Wenn Ihnen dieser Satz über die Lippen kommt, Sie sich aber eigentlich sicher sind, Franken nicht verlassen zu haben, dann befinden Sie sich wahrscheinlich im Wildpark Hundshaupten. Recht so, denn dieser Park ist tatsächlich einen Ausflug wert.

Wie an dieser Einleitung ersichtlich, gibt es dort nämlich leibhaftige Elche. Und so ein Tier muss man mal von Angesicht zu Angesicht gesehen haben. Einer heißt Lars, und den können ganz Ungeduldige schon mal auf der Homepage des Wildparks kennenlernen, wo er sich als Parkführer vorstellt. Der Spaziergang durch die Website ersetzt natürlich nicht den realen Besuch. Aber Lars ist sehr hilfreich, wenn es darum geht, sich einen ersten Überblick über die vielfältige Tierwelt zu verschaffen, die es im Park zu entdecken gibt.

Lars also führt uns zunächst am Uhu vorbei, der wahrscheinlich schläft, zu seinen nächsten Verwandten, den Rentieren. Dann zeigt er uns eigenartige Tiere namens Wollschwein, Marderhund und Fuchsschaf, den uns aus Märchen wohlbekannten Wolf, auch den Luchs und nicht weit davon entfernt Gämsen und Steinböcke sowie das bullige Wisent, das nicht aus dem Tal in der Fränkischen kommt, weil man es nicht mit »ie« schreibt. Auch auf nette Kleintiere wie Frettchen, Kaninchen, Meerschweinchen, Waschbär und Zwergziege macht er uns aufmerksam sowie auf seine entfernteren Verwandten, den Rothirsch, den Damhirsch und den Muffel. Letzterer hat sich, wenn er kein gebürtiger Franke ist, zumindest gut akklimatisiert …

Das Schöne an diesem Wildpark ist, dass es sich dabei um ein ehemaliges Stück Landschaft handelt, ein 40 Hektar großes hügeliges Waldstück mit Aussichtsfelsen, Fluss und Weiher, in dem man die Tiere fast wie in freier Natur erleben kann. Gegründet wurde er 1971 von der damaligen Eigentümerin Gudila von Pölnitz, die ihn 1991 dem Landkreis Forchheim schenkte.

Adresse Hundshaupten 62, 91349 Egloffstein-Hundshaupten, www.wildpark-hundshaupten.de | **ÖPNV** ab Ebermannstadt (Bahnhof) Regionalbus 235, Haltestelle Hundshaupten Mitte | **Anfahrt** B 470, Abzweigung nach Pretzfeld, dann der Beschilderung folgen | **Öffnungszeiten** April–Okt. Mo–So 9–18 Uhr; Nov.–März Mo–So 10–17 Uhr | **Tipp** Im Park gibt es eine Gaststätte mit gemütlichem Biergarten, in der hungrige Besucher-Wölfe ihren Appetit stillen können.

FORCHHEIM

61 Das Erlebnismuseum
Dreißigjähriger Krieg hautnah

In der »Kaiserpfalz« in Forchheim wohnte nie ein Kaiser. Sie war aber insofern eine Pfalz, als hier der Fürstbischof des Bamberger Territoriums, der Fürst und Bischof in einem war, seinen zweiten Wohn- und Amtssitz hatte. Das Gebäude ist ein »Denkmal von nationaler Bedeutung«, denn es befinden sich darin die ältesten Wandmalereien Frankens. Besonders an ihnen ist nicht nur ihr Alter – sie wurden sofort nach Errichtung der Anlage und damit im 14. Jahrhundert gemalt –, besonders an ihnen ist auch, dass es keine Fresken sind, sondern quasi Sekken. So wie Fresko vom italienischen »fresco«, frisch, kommt, stammt Sekko von »secco«, also trocken. Will sagen, die Pigmente wurden mit Kalk als Bindemittel auf den bereits trockenen Putz aufgetragen. Wäre der damalige Fürstbischof Lambert von Brunn nicht Ratgeber des Prager Kaisers Karl IV. gewesen, er wäre wohl nie an die exzellenten Künstler aus Böhmen herangekommen, die in der Lage waren, solch anspruchsvolle Malerei zu verwirklichen …

Doch das alles nur nebenbei, weil es sowieso schon jeder weiß, zumindest in Forchheim. Noch nicht so herumgesprochen hat sich dagegen das »Erlebnismuseum Rote Mauer«, der neue Zweig des Pfalzmuseums. Es macht die im Originalzustand erhaltene Festungskasematte aus dem 16. Jahrhundert zugänglich. Aber wie! Plötzlich hört man aus der Ferne Kanonendonner, hier ein Schlagen, ein Rennen, ein Schreien, Schüsse. So muss es Soldat oder Bürger während des Dreißigjährigen Kriegs erlebt haben, als die Schweden auf Forchheim zumarschierten und schließlich die Stadt umzingelten.

Über Hörspiele, Texte und Inszenierungen erfährt man, was 1634 in den Kasematten passierte, wie der Alltag in der belagerten Stadt aussah, woher man noch Wasser und Lebensmittel bekam. Und wie es möglich war, dass Forchheim am Ende die Bedroher loswurde und niemals wieder eingenommen wurde.

Adresse Museumskasse: Pfalzmuseum Forchheim, Kapellenstraße 16, 91301 Forchheim; Eingang zum Erlebnismuseum: Wallstraße 19, www.forchheim.de | **ÖPNV** ab Nürnberg (Bahnhof) und Bamberg (Bahnhof) S-Bahn S1, Haltestelle Forchheim (Bahnhof) | **Anfahrt** über A 73, Ausfahrt Forchheim-Süd, Parkmöglichkeiten sind ausgeschildert, das Museum befindet sich im Zentrum der Altstadt (Beschilderung) | **Öffnungszeiten** April–Okt. So 10–17 Uhr | **Tipp** Probieren Sie die »Schwarze Anna« in der Brauereigaststätte Neder wenige Schritte vom Museum entfernt (Sattlertorstraße 10).

62 Die Basilika
Von der magnetischen Wirkung der Dreifaltigkeit

Eins vorweg: Ein ruhiger Ort ist Gößweinstein nicht, zumindest nicht im Sommer. Praktisch jeden Samstag oder Sonntag trifft hier eine Gruppe Wallfahrer ein, zum Teil nach mehrtägigem Fußmarsch, und zieht mit feierlicher Blasmusik in die Basilika. Hinzu kommen Busgesellschaften, Einzelwallfahrer und Kunstinteressierte, die den Ort oberhalb des Wiesenttals bevölkern. Das Phänomen hat nichts mit postmoderner Eventkultur zu tun. Bereits im 15. Jahrhundert zogen Wallfahrer zu Tausenden hierher. Warum? Man weiß es nicht.

Man weiß auch nicht, warum die Kirche in Gößweinstein schon immer der »Heiligsten Dreifaltigkeit« geweiht ist. Fest steht nur, dass es bei allen Kirchbauten, die hier aufeinanderfolgten, so war und dass seit dem frühen 16. Jahrhundert ein »Gnadenbild« am Altar angebracht ist, das die Krönung Marias durch Gottvater, Christus und – später hinzugefügt – den Heiligen Geist zeigt. Die aus Lindenholz geschnitzten Figuren von Gottvater, Maria und Christus stoßen fugenlos aneinander.

Fest steht auch, dass ab Ende des 17. Jahrhunderts die Kirche angesichts der Wallfahrer-Mengen aus allen Nähten platzte, dass Anfang des 18. Jahrhunderts Pfarrer Johann Eberhard Dippold bei den Bischöfen in Bamberg einen Neubau erwirkte und dass dieser 1730 vom genialen Baumeister Balthasar Neumann konzipiert wurde, zehn Jahre nachdem dieser die Würzburger Residenz entworfen hatte. In Gößweinstein gelang es ihm, »Dreifaltigkeit« architektonisch erlebbar zu machen, unter anderem durch die waagerechte und senkrechte Dreigliederung der Fassade.

1739 wurde die neue Kirche geweiht, 1768 war die Innenausstattung fertig – mit einem dreifach in Dreiecksform gestalteten Altar als Zentrum. 1948 erhob Papst Pius XII. die Kirche zur »päpstlichen Basilica minor«.

Heute ist Gößweinstein der größte Dreifaltigkeits-Wallfahrtsort Deutschlands. Wundersam vielleicht, aber eine Tatsache.

Adresse Wallfahrtsbasilika, Balthasar-Neumann-Straße 2, 91327 Gößweinstein, Pfarramt in der Balthasar-Neumann-Straße 2, Tel. 09242/264, www.pfarrgemeinde-goesssweinstein.de | **ÖPNV** ab Pegnitz (Bahnhof) Regionalbus 389, Haltestelle Gößweinstein Freibad | **Anfahrt** über A9, Ausfahrt Pegnitz/Grafenwöhr, B 470, dann den Straßenschildern folgen | **Öffnungszeiten** Führungen von Mai–Okt. Fr 10.30 Uhr und nach Anmeldung im Pfarramt | **Tipp** Das zeitgemäß gestaltete Wallfahrtsmuseum erzählt auf 275 Quadratmetern Ausstellungsfläche vom Pilgern im Allgemeinen und der Gößweinsteiner Wallfahrt im Besonderen (www.wallfahrtsmuseum.info).

GÖSSWEINSTEIN-BEHRINGERSMÜHLE

63 Das Forsthaus Schweigelberg
Wo jede Erwartung übertroffen wird

Rund zwei Kilometer nördlich von Behringersmühle befindet sich ungeahnt ein kleines Paradies. Der Ort sieht ein bisschen aus, als würden sich hier Hase und Igel Gute Nacht sagen: ein Haus, eine Wiese, eine Linde und drum herum Wald. Doch versprechen Sonnenschirme und einige einfache Tische und Bänke Gastlichkeit. Eine Brotzeit wird es wohl geben, denkt sich der Wanderer. Gibt es auch, doch das Forsthaus Schweigelberg bietet noch einiges mehr. Marga Linhard ist nämlich nicht nur Jagdpächterin, Wirtin und Köchin in Personalunion, sondern auch noch Essensphilosophin. Speisen im Biorhythmus der Jahreszeiten, frische Zubereitung, Kräuter aus dem eigenen Garten, Qualitätsprodukte statt Convenience-Food, Tischkultur, harmonische Umgebung – so lauten die obersten Einträge in ihrem von der Slow-Food-Idee inspirierten Wertekatalog.

Der Gast darf sich also an beinahe jedem Sommerwochenende nicht nur über vorzügliche Brotzeiten und Kuchen sondern auch über saisonorientierte frisch gekochte Tagesgerichte freuen. Wer vorher anruft, kann seinen Freunden und sich sogar ein kleines (oder größeres) Menü auf den Leib schneidern lassen. Und der jährliche Veranstaltungskalender sieht an ausgewählten Tagen Essens-Ereignisse vor, bei denen Kopf und Herz liebevolle Konzept-Kochkunst entstehen lassen. Eines der letzten Jahre stand beispielsweise im Zeichen der Gegensätze und Ergänzungen. Es gab Menüfolgen unter den Titeln »salzig und süß«, »Meer und Land«, »heiß und kalt«, »schwarz und weiß«. Wer danach noch nicht im siebten Himmel war, für den ließ Marga Linhard zu guter Letzt noch »Milch und Honig« fließen.

Eine feste Größe ist das Kräuter-Menü. Garniert wird es oft von einer Führung mit der »Kräuterhexe« Rosa Schmidt (siehe Seite 226), entweder durch den forsthauseigenen Kräutergarten oder aber zur schönsten Feld-Bildsäule der Fränkischen Schweiz: der sagenumwobenen »Weißen Marter«.

Adresse Behringersmühle, 91327 Gößweinstein-Behringersmühle, www.forsthaus-schweigelberg.de | **ÖPNV** ab Pegnitz (Bahnhof) Regionalbus 389, Haltestelle Hotel Behringersmühle, von hier 45 Minuten Fußweg, Wegmarkierung »gelbe Raute« ab Ailsbachbrücke nach Norden | **Anfahrt** auf B 470 nach Behringersmühle (bei Gößweinstein), dann Richtung Bayreuth bis Busparkplatz oder nach Moschendorf, von hier jeweils etwa 10 Minuten Fußweg | **Öffnungszeiten** im Sommer Sa, So 12–18 Uhr; warmes Essen am besten immer nach Vereinbarung unter Tel. 0172/8120871 | **Tipp** In Oberailsfeld, nördlich von Behringersmühle, gibt es eine sehenswerte Barockkirche, außerdem den Brauereigasthof Held-Bräu.

GRÄFENBERG-NEUSLES

64 — Das Töpferei-Café Kunzmann

Apfelsekt-Torte und Keramik

Ernst Kunzmann, der Schreiner, Musiker, Sänger von irischen Balladen (dazu steht er dann meistens auf) und Kuchenherbeibringer, verfasst regelmäßig einen Newsletter, in dem er den Ort des Töpferei-Cafés Neusles lautmalend in Noiseless verfremdet. Denn manchmal passt ja – Deutschtümler aufgepasst – das Englische besser als die Muttersprache, die natürlich auch wunderschön ist.

Noiseless aber sagt einfach viel besser als Neusles, das am Eingang zur Fränkischen Schweiz liegt, dass in dem Nest mit den paar Häusern Lärm eine absolute Ausnahme-Erscheinung ist. Und wenn doch mal Lärm ist, dann kommt er von einem der vielen Konzerte im Töpferei-Café Kunzmann und ist also kein Lärm. Sondern ein Konzert mit Werken von Eric Satie, ein Flötenkonzert oder Jazz vom Feinsten, Swing, Chansons, Kammermusik. Kons-Studenten aus Nah und Fern finden hier ein gepflegtes Podium und können erste Konzert-Erfahrungen sammeln, in intimem Ambiente, vor einem Publikum, das das Gebotene zu schätzen weiß. An hohen Festtagen singen und musizieren Ernst und Ulrike Kunzmann dann auch selbst, und es wird eng im kleinen Konzertsaal, der nur eine Gaststube mit begrenzten Plätzen ist. Außerdem sind beide in der Band »The Blarneys« zu hören.

Unbedingt erwähnt werden müssen noch zwei Sachen: Ulrike Kunzmann, die Töpferin, backt vorzüglich, Apfelsekt-Torte, Whiskytarte, Himbeer-Torte, Schokoladiges, das ganze Programm eben, und das Café hat einen schönen verwunschenen Garten, auf mehreren Ebenen und hinter diverse Büsche verteilt. Im Sommer sitzt man da dann bei Kaffee und Kuchen und denkt: Ja. Oder wie der Franke in seiner Überschwänglichkeit sagt: Passt scho. Jedes zusätzliche Wort würde ihm als Redseligkeit erscheinen. Als Silber, wenn nicht Blech.

Adresse Töpferei-Café Kunzmann, Neusles 9, 91322 Gräfenberg, Tel. 09192/8246, www.toepferei-cafe-kunzmann.de | **ÖPNV** Bus 226 VGN, Liniennetz Forchheim | **Anfahrt** B 2, Richtung Gräfenberg, hinter Gräfenberg links Richtung Egloffstein, links nach Gräfenberger Hüll, weiter nach Neusles | **Öffnungszeiten** Fr und Sa 14–19 Uhr; So und feiertags 13–19 Uhr | **Tipp** Ganz in der Nähe befindet sich die traditionsreiche Klosterbrauerei Weißenohe (Klosterstraße 20, 91367 Weißenohe). Hier startet auch der 5-Seidla-Weg.

65 Der Elch

Ausflug in die neue Welt des »Craft Beers«

»A Hells«, »a Dunkels«, »a Pilz«, »a Weizn« – das war in Franken immer die Bier-Auswahl. Seit einigen Jahren nun schleichen sich exotische Wortschöpfungen dazwischen wie »Green Monkey«, »Hoptimum«, »Heaven Hill«, »Old Django« oder »Smoky George«, hinter denen sich – so erfährt der Laie auf Nachfrage – neuartige Hopfen-Malz-Kreationen verbergen. Mal wird das Bier nach Art des englischen Pale Ale oder des noch stärkeren Stout gebraut und nach der Hauptgärung zusätzlich mit einem Aromahopfen »gestopft«, mal wird es mit Williams-Brand vergoren, mal reift es ein halbes Jahr im Whiskyfass, mal wird getorftes schottisches Malz verwendet. Kurzum: Die international schon lange schäumende »Craft-Beer«-Bewegung hat Franken erobert.

Einer der innovativen jungen Brauer ist Georg Kugler in Thuisbrunn. 2002 hat er von Onkel und Tante Hans und Margarete Seitz den dortigen Traditionsgasthof übernommen und ihm wieder eine Brauerei hinzugefügt. Seitdem braut er dort, und es ist eigentlich schon immer Craft-Bier, so sagt er, denn für ihn ist das nichts anderes als handwerklich gut gemachtes Bier.

Klingt bescheiden und bodenständig. Fakt ist aber, dass er seine Fühler in alle Richtungen der Craft-Beer-Szene ausstreckt. Heraus kommen ein Pils, das man so noch nirgends geschmeckt hat, frisch, perlend, schmeichelnd und bitter zugleich, und immer mal Spezialbiere, die Namen tragen wie »Ale aus Hinterwald« oder »Fallen und Fliegen«. Letzteren versteht man sofort nach dem ersten Seidla. Überhaupt verraten seine Namengebungen, dass Brauen für ihn keine bierernste Angelegenheit ist. Denn Pate für Titel und Logo seiner Brauerei stand der Elch, den sein Onkel 1986 in Kanada geschossen hat und dessen ausgestopfter Kopf seitdem die Gaststube ziert.

Übrigens: Das Elch-Logo findet sich neuerdings auch auf einem Whisky. Denn Georg Kuglers Talent und Kreativität beschränkt sich keinesfalls nur auf Bier.

Adresse Adresse Elch-Bräu, Thuisbrunn 11, 91322 Gräfenberg, www.gasthof-seitz.de | **ÖPNV** ab Gräfenberg (Bahnhof) Regionalbus 226 Richtung Gößweinstein | **Anfahrt** von der B 2 nördlich von Gräfenberg Richtung Egloffstein abbiegen, dann der Beschilderung nach Thuisbrunn folgen | **Öffnungszeiten** Di, Fr–So jeweils ab 10 Uhr | **Tipp** Probieren Sie auch die Brände, etwa eine Cuvée aus Torfmalz und Birne. Weitere Craft-Beer-Brauereien sind die Klosterbrauerei Weißenohe, Wiethaler (Lauf-Neunhof), Nikl (Pretzfeld) oder Rittmayer (Hallerndorf).

66 — Guttenberg
Das Dorf, das Schloss, die Familie

570 Einwohner, ein Schloss, ein Dirigent, ein Exminister: Auf diesen gemeinsamen Nenner lässt sich der Name Guttenberg bringen. Mehr als zwei Jahre, nachdem Karl-Theodor zu Guttenberg als Verteidigungsminister zurückgetreten ist und der mediale Pulverdampf sich verzogen hat. Der Grund: Aberkennung des Doktorgrades durch die Universität Bayreuth. Die Begründung: Plagiat, zu Deutsch: Abgekupfert. Die Details: Noch zu frisch im kollektiven Gedächtnis, als dass sie an dieser Stelle noch mal aufgewärmt werden müssten. Die Fortsetzung: KaTe, wie sie ihn nennen, versucht ein Comeback, abgefedert durch das öffentliche Reuebekenntnis in »Vorerst gescheitert«, dem Buch zur Affäre, scheitert damit aber womöglich endgültig. Das vorläufige Ende: »Flucht« in die USA, überraschender Auftritt am Gillamoos, Fortsetzung ungewiss.

Nun trägt wieder der alte Baron, Enoch zu Guttenberg, ganz allein die Last der Prominenz. Wer sich für klassische Musik interessiert, kennt ihn womöglich als Dirigent, zum Beispiel bei der Klang-Verwaltung, wie sich das von ihm bevorzugte Orchester etwas sperrig nennt. Im Ort ist er beliebt, weil er die Bewohner einmal im Jahr zum Wildschweingulasch aufs Schloss lädt oder zur Landfahrt in der Pferdekutsche. Von Imagepflege verstand ja auch der Sohn einiges.

Der entschuldigte sich schon mal bei den Dorfbewohnern, wenn er als Minister vom Hubschrauber abgeholt wurde und der in aller Herrgottsfrüh einen Riesenlärm über dem stillen Frankenwald machte. Für solche Dinge lieben sie ihn im Dorf, ihren KaTe, und sie hoffen ja noch immer, dass er irgendwann wieder da ist, wie Phoenix aus der Asche, und es denen in Berlin, zur Not auch in München, noch mal richtig zeigt. Und sei es nur als Abgeordneter seines Kulmbacher Wahlkreises oder als bayerischer Ministerpräsident. Dann würde es gleich wieder glanzvoller zugehen auf der politischen Bühne. Und im kleinen Guttenberg und auf dem Schloss sowieso.

Adresse Hauptstraße 33a, 95358 Guttenberg | **Anfahrt** über die B 226 | **Öffnungszeiten** nur von außen zu besichtigen | **Tipp** Unwillkürlich denkt man an Jürgen Leinemann und sein Buch »Höhenrausch«, in dem der frühere Spiegel-Reporter Politik als Droge beschreibt.

67 Das Schloss Greifenstein
Gerettet durch einen SS-General

Mit weißer Fassade und hohen Türmen ragt es hoch über Heiligenstadt aus den Wäldern empor. Ein wenig wie Neuschwanstein über Hohenschwangau. So zumindest empfand es Franz Ludwig Schenk Graf von Stauffenberg, ein guter Freund Ludwigs II. und Ende des 19. Jahrhunderts Besitzer von Schloss Greifenstein. Er nannte seine Burg daher »Klein Neuschwanstein«. Rund 70 Jahre später wäre der jahrhundertealte Adelssitz fast für immer in Schutt und Asche versunken.

Einer von Franz Ludwigs Nachkommen nämlich war der Hitlerattentäter Oberst Claus Schenk Graf von Stauffenberg. Er wohnte nicht auf Greifenstein, war dort aber oft zu Gast. Einen Tag nach dem misslungenen Anschlag am 20. Juli 1944, zeitgleich mit der Erschießung des Obersts, ordnete der Bayreuther Gauleiter Fritz Wächtler an, das Schloss niederzubrennen. Dass es noch steht, ist dem Nürnberger Polizeichef und SS-General Benno Martin zu verdanken, der dies verhinderte, indem er das Schloss von einem Sonderkommando besetzen ließ. Der damalige Schlossbesitzer, der 84-jährige Graf Berthold, wurde auf Anordnung Heinrich Himmlers zunächst ins Bamberger, dann ins Würzburger Gefängnis verbracht und starb einige Monate später an den Folgen der Haft. Auch alle anderen, die den Namen Stauffenberg trugen, kamen in Sippenhaft.

Die Schenken von Stauffenberg sind nicht die ersten Besitzer der Burg. Erbaut wurde sie möglicherweise vom Geschlecht der Schlüsselberger im 11. Jahrhundert. Rund 400 Jahre diente sie den Herren von Streitberg als Sitz. 1691 dann fiel das Anwesen den Stauffenbergs zu – in ruinösem Zustand, denn nach der Zerstörung im Bauernkrieg 1525 war die Burg teilweise verfallen. Die Stauffenbergs bauten sie als barockes Jagdschloss wieder auf.

Heutiger Eigentümer ist Otto Philipp Schenk Graf von Stauffenberg, ein Großneffe Claus Schenk Graf von Stauffenbergs. Er hat die Anlage vorbildlich restaurieren lassen.

Adresse Greifenstein 2a, 91332 Heiligenstadt, Tel. 09198/423 | **ÖPNV** ab Ebermannstadt (Bahnhof) Regionalbus 975, Haltestelle Abzweigung Stücht | **Anfahrt** über B 470, Abzweigung zwischen Ebermannstadt und Streitberg nach Heiligenstadt, der Beschilderung folgen, Parkplatz vor dem Schlosstor | **Öffnungszeiten** Schlossführungen siehe www.schloss-greifenstein.de | **Tipp** An der Heroldsmühle etwa drei Kilometer nordwestlich von Heiligenstadt befindet sich eines der größten Mühlräder Deutschlands (über sieben Meter Durchmesser).

HOLLFELD

68 _ Die Künstlerstadt
Kunst, Kunsthandwerk und Kunstfertigkeit

Hier gibt es: mehrere Kunstmaler, Stein-, Bronze- und Holzbildhauer, einen Metalldesigner, einen Grafiker, einen Filmemacher, eine Keramikerin und einen Gartengestalter, Möbelrestaurator und Eisenbearbeiter. Weiterhin das Ideenhaus und das Kunst-und-Museum-Haus mit seinem Roten Saal, in dem alle drei Monate eine Kunstausstellung eröffnet wird, sowie im Sommer die Internationale Kunstausstellung. Schließlich den Künstlerweg. Kurz gesagt: Wer sich für Kunst und Kunsthandwerk interessiert, muss nach Hollfeld.

Zentrum des Künstlerquartiers ist ein ehemaliger Brauereikomplex in der Eiergasse 13. Zur Hauptstraße hin leuchtet Tag wie Nacht die Fassade des »Blauen Turms«. Auch sonst quillt hier Kunst im wahrsten Sinne des Wortes aus den Häusern heraus. Seit 1979 veranstalten die Hollfelder Kulturfreunde regelmäßig Mitte Juli die Internationale Kunstausstellung. Rund 200 Künstler aus aller Welt bewerben sich um die ausgelobten Preise. Etwa 60 davon dürfen die große Ausstellung in der Gangolfskirche und im Wittauerhaus bestreiten, die acht Preisträger gestalten danach sukzessive für je zwölf Wochen den Roten Saal in der Eiergasse.

Der Künstlerweg verbindet 30 Künstler- und Kunsthandwerkerateliers in und um Hollfeld, darunter etliche in der Töpferstadt Thurnau (siehe Seite 188). Zum Neugierigwerden empfiehlt sich ein Besuch im Kunst-und-Museum-Haus, wo von jedem der beteiligten Kreativen exemplarisch Arbeiten ausgestellt sind.

Nehmen wir zu guter Letzt noch die Museumsscheune in der Judengasse hinzu. Hier kann man anhand der ausgestellten Gerätschaften die Kunstfertigkeit früherer Handwerker aus Hollfeld bewundern.

Etwa die Kunst, einen Nagel zu schmieden, eine Ofenkachel herzustellen, einen Stoff zu weben, einen Schuh zu schustern, ein Fass zu binden oder ein Wagenrad aus Holz zu fertigen. Künste also, die heute selbst Künstler nur selten beherrschen.

Adresse Kunst-und-Museum-Ideenhaus, Eiergasse 10 und 13, 96142 Hollfeld; Plan des Künstlerwegs siehe www.atelier-pietschmann.de/kuenstlerweg | **ÖPNV** ab Bayreuth (Bahnhof) Regionalbus 376, Haltestelle Hollfeld Langgasse | **Anfahrt** ab Bayreuth B 22 in Richtung Scheßlitz, in Hollfeld-Mitte nach links in die Bahnhofstraße, dann noch einmal links in die Eiergasse | **Öffnungszeiten** Kunst- und Museum-Haus Mo–Fr 14–18 Uhr, Sa 10–12.30 Uhr und nach Vereinbarung, Tel. 09274/9800, aktuelle Kunstausstellungen siehe www.kunst-kultur-hollfeld.de | **Tipp** Am südlichen Steilhang der Stadtmauer von Hollfeld sind wunderschöne Terrassengärten angelegt mit mediterranen und einheimischen Pflanzen (Zugang über Marienplatz). Ende Juni finden hier die mittlerweile berühmten Rosentage statt.

KIRCHEHRENBACH

69 — Das Walberla
Wo man das Glück findet

Was soll man sagen? Fahren Sie hin, dann wissen Sie, warum man's gesehen haben muss! Aber gut, wir wollen nicht maulfaul sein. Nehmen Sie eine Decke mit oder ein gutes Buch oder eine Flasche Wein oder Ihre/n Liebste/n oder alles zusammen. Tages- und Nachtzeit ist egal. Sie werden glücklich sein. Sie können natürlich auch Ihren Gleitschirm mitbringen, Ihre Fotokamera, Ihre Kletterausrüstung, Ihren Lenkdrachen oder im Winter Ihren Schlitten. Hat alles Sinn, muss aber nicht sein. Sie können auch am ersten Maiwochenende hinaufsteigen, da ist Kirchweih, und über das Wiesenplateau verstreut sitzen die Menschen wie Blumen und freuen sich ihres Lebens – ja, das muss man eigentlich schon gesehen haben. Aber alle anderen Wochenenden sind genauso schön.

Wir ahnen, nach der ersten Spazierrunde, nach dem ersten Nickerchen werden Sie fragen: Warum ist der Hügel so ungewöhnlich geformt? Warum steht da eine Kapelle? Also: »Walberla« ist der fränkische Kosename für Walburga. Die heilige Walburga war eine englische Dame, die im 8. Jahrhundert zusammen mit ihrem Onkel und ihren beiden Brüdern das Christentum nach Franken brachte. Man hielt sie wohl für einflussreich und glaubte, ihre Anwesenheit würde die sich auf dem Berg herumtreibenden Hexen vergraulen (die vermutlich harmlose Heilkräutersammlerinnen waren und sich am Ende prächtig mit der Heiligen verstanden). Jedenfalls errichtete man Walburga im 14. Jahrhundert eine erste Kapelle. Nach ihr wurde irgendwann die ganze Anhöhe Walberla genannt, die offiziell Ehrenbürg heißt.

Sie besteht – vereinfacht gesagt – aus dem Rodenstein-Gipfel im Süden (532 Meter) und dem Walberla-Gipfel im Norden (514 Meter). Ein gutes Siedlungsgelände, fanden vor 2.500 Jahren die Kelten. Heute steht es unter Naturschutz. Und woher die Tafelberg-Form? Hat sich ergeben, durch Wind und Wetter. Ein Geschenk des Himmels sozusagen.

Adresse Höhenzug zwischen 91356 Kirchehrenbach und 91369 Wiesenthau-Schlaifhausen | **ÖPNV** ab Forchheim (Bahnhof) mit Regionalbus 222 und 223 oder R-Bahn R22, Haltestellen Kirchehrenbach und Wiesenthau; jeweils 30 bis 45 Minuten Aufstieg | **Anfahrt** A73, Ausfahrt Forchheim Süd, den Straßenschildern nach Kirchehrenbach oder Schlaifhausen folgen, dort parken; von hier jeweils 30 bis 45 Minuten Aufstieg | **Tipp** Lohnend sind auch der Rundweg rund ums Walberla oder ein Abstecher zum Brauerei-Gasthof »Penning-Zeißler«, Hetzelsdorf 9, 91362 Pretzfeld-Hetzelsdorf, Tel. 09194/252.

KUNREUTH-WEINGARTS

70__ Der Feesenhof

Wo »Charlemagner« wächst, reift und schmeckt

Was hat Karl der Große mit der Fränkischen Schweiz zu tun? Einiges. Erstens: Er war König eines Reiches, zu dem Franken ebenso gehörte wie Frankreich, und sorgte dafür, dass Mitteleuropa zum einheitlichen Kulturraum wurde. Zweitens: Nach seiner Kaiserkrönung im Jahr 800 verordnete er, dass jeder Bauernhof in seinem Reich Weintrauben, Äpfel, Birnen, Quitten und anderes Obst anbauen, pflegen und ernten soll.

Im Forchheimer Umland ist man sich bewusst, wie weise Karls »Befehl« war, denn der Obstanbau machte und macht die Gegend in jeder Hinsicht reicher. Etliche Obstbauern und Brennereien verdanken Apfel, Birne und Co. ihren Lebensunterhalt, die eigentlichen Obstproduzenten, die Obstbäume, verwandeln Ende April und Anfang Mai die Landschaft in ein Meer von Blüten und verschaffen so das rechte Frühlingsgefühl.

Zeit also, dem großen Karl Dank zu sagen. Und wie könnte man dies besser tun, als die bis heute währende kulturelle Verbundenheit mit Frankreich kulinarisch zum Ausdruck zu bringen. So wurde 2010 in Anlehnung an den »Champagner« der »Charlemagner« geboren, denn Charlemagne ist der französische Name für Karl den Großen. Er gärt und reift in der Flasche und wird schließlich durch »Degorgieren« von der Hefe befreit. Die Besonderheit dieses Sekts: Er ist aus Äpfeln gemacht, weil diese in der Fränkischen Schweiz nun mal besser gedeihen als Weintrauben.

Symbolisch für die Verbeugung vor dem Kaiser mag der Feesenhof in Weingarts stehen. Hier werden ganz im Sinne seines Edikts Kirschen, Äpfel, Birnen und Zwetschgen angebaut. Und die Ernte gibt es in mannigfaltiger Form zu genießen: als Frucht, Saft, Obstbrand, Likör oder – den Apfel – als prickelnden Charlemagner. Und wenn man Ende April hinaufwandert nach Regensberg und von dort über das weiß blühende Land schaut, dann kann man sich vorstellen, welch Freude Karl bei diesem Anblick gehabt hätte.

Adresse Weingarts 11, 91358 Kunreuth-Weingarts, www.feesenhof.de | ÖPNV ab Forchheim (Bahnhof) Regionalbus 223, Haltestelle Weingarts Ortsmitte | Anfahrt A 73, Ausfahrt Forchheim Süd, den Straßenschildern nach Kunreuth und Weingarts folgen, der Hof befindet sich in Weingarts in der ersten Rechtskurve links | Öffnungszeiten jederzeit, am besten nach Anmeldung | Tipp Vom Berggasthof Hötzelein in Regensberg oberhalb von Weingarts bietet sich ein phantastischer Fernblick.

71 Der Kunstweg
Philosophie in freier Natur

Kunst im öffentlichen Raum ist von begrenzter Haltbarkeit. Haben natürliche und menschliche Einflüsse erst ihre Spuren hinterlassen, präsentiert sie sich selten im Sinne des Erfinders. Diese Regel kennt zwei Ausnahmen. Entweder das Kunstwerk ist extrem robust oder es wird gepflegt. Ein schönes Beispiel für Letzteres gibt es in der Gemeinde Litzendorf. Dort sorgt Robert Hoffmann gemeinsam mit seiner Ehefrau dafür, dass sein »Kunst- und Besinnungsweg« heute im Wesentlichen so aussieht wie bei der Eröffnung im Jahr 2005.

Der freischaffende Künstler und Kunstpädagoge hat sich die Pflege des Wegs zur Aufgabe gemacht, weil er damit ein Anliegen verbindet. Wer dem gut drei Kilometer langen Rundkurs durch Feld, Wald und Wiesen zwischen Lohndorf, Litzendorf und Melkendorf folgt und dabei die 18 Skulpturen anschaut, soll ins Nachdenken kommen. Darüber, was der Mensch ist und was er kann. Die Objekte und Plastiken sind aus Holz, Stein und Metall, sprechen mal konkret-symbolhaft, mal abstrakt-assoziativ. Mancherlei Gedanken bietet Hoffmann an. Etwa die, dass der Mensch die Talente seiner Mitmenschen erkennen und fördern kann. Oder dass bei der Wahl des Lebenswegs Richtung und Mittel entscheidend sind. Oder dass die Verbindung der Fähigkeiten verschiedener Menschen mehr ergibt als die Summe der einzelnen Fähigkeiten. Oder dass Religion Schutz gewährt. Oder dass der Mensch mit seinem Denken und Handeln die Zukunft sät.

Man kann den Weg auch zu zweit oder zu dritt gehen und unterwegs diskutieren. Oder aber eine Gruppe bilden und Robert Hoffmann um Führung bitten. Denn seine Worte werfen noch einmal ein neues Licht auf die Arbeiten. Der Weg eignet sich schließlich auch für diejenigen, die Kunst und Philosophie lieber getrennt halten. Denn allein die Materialität und Formgestalt der Objekte im Wechselspiel mit der Landschaft bieten genügend Anlass zur Inspiration.

Adresse 96123 Litzendorf-Lohndorf, empfohlener Start ist am Parkplatz 300 Meter westlich von Lohndorf | **ÖPNV** über Bamberg (Bahnhof/Atrium), Regionalbus 970, Haltestelle Litzendorf, ab Info-Punkt im Zentrum über den Weg »Flur und Kunst« bis Marienkapelle, dort Einstieg in den Besinnungsweg | **Anfahrt** über A 73, Ausfahrt Bamberg-Ost, Richtung Hollfeld, den Straßenschildern folgen | **Öffnungszeiten** Führungen auf Anfrage bei Robert Hoffmann, Tel. 09505/7349 | **Tipp** In Litzendorf gibt es außerdem die »Fränkische Straße der Skulpturen«, das Projekt »Flur und Kunst« mit fünf Flurdenkmälern in den fünf Ortsteilen der Großgemeinde sowie einen Kunstweg zwischen dem Ortsteil Pödeldorf und dem Nachbarort Memmelsdorf.

LITZENDORF-SCHAMMELSDORF

72_Die Brauerei Knoblach

Hier serviert man fränkisches Carpaccio

Zwetschgenkuchen, Zwetschgenknödel und Zwetschgenschnaps kennt wohl jeder, spezieller wird es schon beim Zwetschgenmännla und Zwetschgendatschi. Kennen Sie auch? – Und wie steht es mit Zwetschgenbames?

Zwetschgenbames ist das fränkische Carpaccio. Ein Rinderschinken, der eine Verwandtschaft mit dem Bündner Fleisch vermuten lässt, aber eine typisch fränkische Köstlichkeit ist. Nur das Beste vom Rind wird verwendet: Lende, falsche Lende, Unter-, Oberschale oder Nuss. Dieses Fleisch bestreicht der Metzger mehrmals mit einem Potpourri aus Pökelsalz und Gewürzen, dessen Zusammensetzung bei jedem Hersteller eine andere ist – und natürlich geheim! Dann darf der angehende Zwetschgenbames sich ein paar Wochen in einem Steinguttopf erholen und den Duft der Kräuter und Gewürze einatmen. Wenn das Fleisch mit dem Aroma durchtränkt ist, kommt es zum entscheidenden Teil des Herstellungsprozesses: dem Räuchern. Man nimmt das Holz eines Zwetschgenbaums, der auf Fränkisch »Zwetschgenbam« heißt, entfacht ein Feuer, und wenn das Zwetschgenholz – ein Hartholz – bei niedriger Temperatur glimmt, nimmt der darüberhängende Rinderschinken nach zwei bis drei Wochen ein köstliches Aroma an. Dabei gleicht er sich auch in Sachen Härte, Farbe und Maserung dem Zwetschgenholz an. Nach dieser Verwandlung muss man noch einmal einige Monate warten – dann endlich ist der Zwetschgenbames reif.

Jetzt haben Sie sicherlich Appetit bekommen und wollen den Bames am liebsten sofort verkosten. Das können Sie tun, denn viele Gasthäuser der fränkischen Schweiz und der Bamberger Gegend bieten diese Delikatesse das ganze Jahr über an. Wenn Ihr Weg Sie nach Litzendorf führt, gehen Sie in die Brauerei Knoblach. Hier wird Zwetschgenbames wie üblich fein aufgeschnitten als Brotzeit mit Butter, Gurke und Brot serviert. Dazu passt das heimische Bier – aber auch fränkischer Wein mundet hervorragend als Begleiter.

Adresse Kremmeldorfer Straße 1, 96123 Litzendorf-Schammelsdorf, Tel. 09505/267 | **ÖPNV** über Bamberg (Bahnhof/Atrium), Regionalbus 970, Haltestelle Schammelsdorf | **Anfahrt** über A73, Ausfahrt Bamberg-Ost, Richtung Hollfeld, ab Litzendorf Richtung Scheßlitz | **Öffnungszeiten** Di–Fr ab 15 Uhr, Sa, So und Feiertage ab 9 Uhr | **Tipp** Wandern Sie entlang der Winterleite auf den Schammelsberg (Markierung »rotes Kreuz«). Start ist am Wanderparkplatz zwischen Schammelsdorf und Kremmeldorf.

MEMMELSDORF

73 Das Schloss Seehof
Wo der Bischof Fürst war

Bis 1806 gab es in Europa Fürstbischöfe. Männer, die in einem Territorium geistliche und weltliche Herrschaft zugleich ausübten. Wer von ihnen sich mehr als Bischof und wer mehr als Fürst empfand, ist vermutlich schwer zu klären. Die Wohnweise fast aller freilich, das lässt sich sagen, war eindeutig fürstlich. So auch in Bamberg.

Wir wollen bei diesem Bistums-Zentrum gar nicht von der eigentlichen Residenz sprechen, sondern nur von der Sommerresidenz. Denn auch diese war, obgleich von weitläufigen Gärten umgeben, alles andere als ein Gartenhaus, zumindest seit dem 17. Jahrhundert. Das Jagd- und Landhaus, das sich da einstmals bei dem kleinen See nordöstlich der Stadt Bamberg befand, ließ Fürstbischof Marquard Sebastian Schenk von Stauffenberg 1687 zu einer vierflügeligen Anlage mit Innenhof und vier mächtigen Ecktürmen ausbauen. Als Architekten beauftragte er Antonio Petrini, den aus Trient stammenden Baumeister, der italienischen Barock mit deutscher Renaissance zum »fränkischen Barock« kombinierte und bereits das Würzburger Juliusspital entworfen hatte. Fürstbischof Marquards Nachfolger vollendeten das Gebäude, ließen es mit herrlicher Innenausstattung versehen und besorgten die Ausgestaltung des Gartens zur kunstvoll verspielten Rokokoanlage.

So entstand das edle Schloss Seehof bei Memmelsdorf, dessen Pracht zu genießen inzwischen jedermann offensteht. Der Freistaat Bayern hat das nach der Säkularisation 150 Jahre lang verwahrloste Schloss 1975 gekauft und umfangreich sanieren lassen. Neun der ehemaligen fürstbischöflichen Prunkräume samt Ausstattung sind nun zu besichtigen, darunter der Weiße Saal mit einem Deckengemälde von Guiseppe Appiani.

Im Garten sprudeln die Wasserspiele wieder fast so schön wie vor 200 Jahren. Nur die ehemals 400 Sandstein-Gartenskulpturen von Bildhauer Ferdinand Tietz sind leider bis auf wenige verschwunden.

Adresse Schloss Seehof 1, 96117 Memmelsdorf, www.schloesser.bayern.de | **ÖPNV** ab Bamberg (Bahnhof/Ludwigstraße) Stadtbus 907, Haltestelle Schloss Seehof, von hier 7 Minuten Fußweg | **Anfahrt** über A 73, Ausfahrt Memmelsdorf, Richtung Memmelsdorf, der Beschilderung folgen | **Öffnungszeiten** April–Okt. Di–So 9–18 Uhr, Besichtigung nur mit Führung; Wasserspiele Mai–Anfang Okt. 10–17 Uhr zur vollen Stunde | **Tipp** Die Heiligenfiguren auf der Kirchhofmauer in Memmelsdorf wurden ebenfalls von Ferdinand Tietz geschaffen.

MISTELGAU-OBERNSEES

74 Die Therme Obernsees
Lass rocken: ausgezeichnet Schwitzen und Entspannen

Die Therme Obernsees wird leider in so ungefähr jeder Auflistung grundsätzlich erst nach der Bayreuther Lohengrin Therme genannt, die natürlich größer ist und auch noch eine Wagner-Referenz im Namen trägt. Wir sind ja schließlich in Bayreuth! Angeblich aufgrund des »hübscheren« Badebereichs wird Lohengrin gern als die »bessere« Therme bezeichnet. Schaut man sich den Saunabereich der beiden mal genauer an, ist Lohengrin immer noch ganz hübsch, Obernsees aber wunderschön.

Der Charakter dieser vom Ausmaß her eher kleinen, aber sehr wohl feinen Saunalandschaft erschließt sich hauptsächlich über die gemütliche, unaufgeregte Atmosphäre. Trotzdem gibt es alles, was auch die Lohengrin-Sauna zu bieten hat, und die Anlagen sind gut durchdacht: Effektduschen, Außenpool, Sole-Sprudelbecken, Saunagarten, Bar, Dampfbad, Ruheraum, Jura-Steinbad, Tepidarium … In den Ruheräumen gibt es dazu noch Kaminfeuer, und die Aufgüsse duften lecker und werden oft von kleinen Erfrischungen wie Tee oder Obst ergänzt. Die Ananas ist übrigens immer als Erstes weg. Das Personal ist ausnahmslos fränkisch-freundlich.

Vom Hauptgebäude aus kommt man über einen Hof zu einem zweiten, etwas kleineren Saunahaus, in dem das Herz der Therme Obernsees untergebracht ist, die urgemütliche Feuersauna mit Kamin! Hier finden verschiedene Effekt-Aufgüsse statt, darunter Kreide, Schokolade, Kräuter, Salz, Honig und je nach Jahreszeit auch Punsch und Eisbonbon. Der Deutsche Saunabund e. V. findet das auch gut und hat Obernsees mit dem Qualitätszertifikat »PREMIUM« ausgezeichnet.

Das tägliche »Happy End« fetzt noch einmal richtig. Besonders beim Fränkischem Aufguss darf es auch gern etwas härter werden: Bei Eintritt der Saunameister erschallt Heavy Metal in der Blockhütte, Rufe werden laut: »Wir wollen euch rocken sehen!«, und wer noch kann, spielt Luftgitarre. Da fließt der Schweiß.

Adresse An der Therme 1, 95490 Mistelgau-Obernsees | **ÖPNV** vom Bahnhof Bayreuth Regionalbus 376, Haltestelle Obernsees Sparkasse | **Anfahrt** über die B 22 in Richtung Hollfeld fahren und Abzweigung zur Therme Obersees nehmen | **Öffnungszeiten** Mai – Sept. Mo – Sa 9 – 22 Uhr, So 8.30 – 20 Uhr, Feiertage 8.30 – 22 Uhr; Okt. – April Mo – Do 9 – 22 Uhr, Fr, Sa (Bad) 9 – 22 Uhr, (Sauna) 9 – 23 Uhr, So, Feiertage 8.30 – 22 Uhr | **Tipp** Einen Besuch lohnt Schloss Truppach im Mistelgau.

MISTELGAU-WOHNSGEHAIG

75 — NaturKunstRaum Neubürg
Grüne Wellen, kleine Zwerge und ganz großes Glück

Stille – nur das Knistern der Bäume, das Singen der Vögel und vereinzelt auch die arbeitenden Bauern in der Ferne sind zu hören. Schon den ersten Eindruck, den man von der Neubürg bekommt, umwebt ein Hauch von Magie. Die im Volksmund liebevoll genannte kleine »Walberla« ist ein ganz besonderer Ort.

Um jedoch das volle Ausmaß der Schönheit der Neubürg bewundern zu können, muss der 587 Meter hohe Plateauberg erst einmal erklommen werden. Der Anstieg ist steil und die Pfade übersät von Steinen und Wurzeln. Jedoch wird man bereits nach wenigen Metern mit den ersten Kunstwerken belohnt, die seit Jahren Wind und Wetter auf dem kleinen Berg trotzen. Das Besondere dieser Kunstwerke ist, dass sie immer auf der Neubürg zu bewundern sind. Sie sind fest installiert und zeigen, wie die Natur sich im Wechselspiel mit der Kunst verhält.

Die »Hörner«, wie beispielsweise ein Werk des Künstlers Christoph Roßner betitelt ist, sind aus ineinanderliegenden Holzkreisen gefertigt, die sich schon teilweise der Kraft der Natur ergeben haben. Kunst als lebendiger Prozess.

Je weiter man über die verworrenen Wege hinaufsteigt, desto märchenhafter wird auch die Landschaft. Die nur von kleinen Sträuchern und Bäumen bewachsenen Grashügel erinnern an die Wellen des Meeres. Die weite Grünfläche des »Gipfels« erstreckt sich über den gesamten Rücken des Berges, und man erwartet beinahe, dass von irgendwoher die Morgenstimmung von Edvard Grieg ertönt.

Dieser Augenblick, auf dem Berg zu stehen, die Stille zu hören und den Wind zu fühlen, erfüllt einen immer wieder aufs Neue. Das gilt für jede Jahreszeit, in der man die Neubürg besucht.

Ob im Frühling, wenn alles frisch und grün ist. Im Sommer, wenn man die Blüte der Gräser riechen kann. Im Herbst, wenn der Nebel den Berg in Einsamkeit hüllt. Oder im Winter, wenn alles wie versteinert wirkt.

Adresse 95490 Mistelgau-Wohnsgehaig | **Anfahrt** A 9, Ausfahrt Bayreuth-Süd, dann B 22 nach Mistelbach und Mistelgau | **Tipp** Anschließend lädt die Therme Obernsees zum Besuch ein (siehe Seite 156).

76 Neudrossenfeld

Das toskanische Dorf, die Kirche, das Schloss und der Storch

Die gute Nachricht kommt Anfang März. »Meister Adebar hat es sich auf dem Schlot der Brauerei Schnupp in Altdrossenfeld bequem gemacht.« Dann allerdings eine wesentliche Einschränkung: »Er wartet noch auf ein Weibchen.« Und gleich sind auch ein paar Ornithologen mit ihrer Bedenkenträgerei zur Hand. Sie würden sich Sorgen machen, so lassen sie uns wissen, dass der Storch wegen der ungewöhnlich langen Kälteperiode keine Nahrung finden würde. Dabei sei er nicht mal wählerisch, verschmähe auch keine Maus und kein Großinsekt, wenn mal kein Frosch in der Nähe sei. Was die Störchin angeht, so machen uns die Fachleute vom Landesbund für Vogelschutz jedoch Mut. Bis zur Paarungszeit würden ja noch einige Monate vergehen, da würde die Dame schon noch auftauchen. Zum Glück hat die Gemeinde für den Fortgang der Dinge eine Webcam auf einem Dach in der Nähe installiert.

Und Neudrossenfeld, im idyllischen Rotmaintal gelegen, hat ja noch mehr zu bieten. Vom »toskanischen Flair« ist immer wieder die Rede, von der Markgrafenkirche und dem Pfarrhaus, vom Schloss mit dem Terrassengarten und dem Sternekoch Heini Schöpf, von der Tanzlinde im Ortsteil Langenstadt, von den reizvollen Rad- und Wanderwegen rund um den Ort. Und immerhin war es Carl Philip von Gontard, der namhafte Architekt aus Bayreuth, der den Ortskern maßgeblich mitgestaltete, und das nicht nur bei der Erweiterung des Pfarrhauses. Er entwarf auch die Pläne für die Schlossanlage am Südrand des Marktes. Auch für den Schlossgarten, malerisch an einem Steilhang zum Rotmain gelegen, lieferte er die entscheidenden Ideen. So verdankt sich etwa der Kontrast von freier Natur und Rokokogarten seinem ästhetischen Empfinden, seinem Denken in Gegensätzen.

Die Besucher kommen freilich vor allem wegen Meister Adebar, dem Webcam-Star auf dem Brauereidach, der auf sein Weibchen wartet.

Adresse Adam-Seiler-Straße 1, 95512 Neudrossenfeld (www.neudrossenfeld.de) | **Anfahrt** über A 70 und B 85 nach Neudrossenfeld | **Öffnungszeiten** Restaurant Schloss Neudrossenfeld Mi – Fr ab 17 Uhr, Sa, So ab 11.30 Uhr | **Tipp** Machen Sie einen Spaziergang durchs schöne Rotmaintal.

77 Die Synagoge
Erinnerung ans jüdische Franken

Mehr als 30 Synagogen und jüdische Beträume gab es im 19. Jahrhundert in der Fränkischen Schweiz. Sie bildeten das Zentrum von lebendigen jüdischen Gemeinden und boten Raum für festliche Gottesdienstfeiern. Auch christliche Kinder spitzten gelegentlich gern hinein. Bis zur Pogromnacht am 9. November 1938. Etliche der Gotteshäuser wurden gleich nach den zerstörerischen Überfällen abgebrochen, manche später, manche stehen noch, werden aber heute anders genutzt – nur vereinzelt wurden sie restauriert und als Museum der Öffentlichkeit zugänglich gemacht. Ein besonders schönes Beispiel ist die Synagoge von Ermreuth.

1822 als Nachfolgebau eines früheren kleineren Gebäudes errichtet, war sie eine der größten und bedeutendsten Dorfsynagogen Oberfrankens. 1938 wurde der Innenraum komplett verwüstet und ausgeraubt. Das Gebäude wurde als landwirtschaftlicher Lagerraum genutzt, bis es 1974 in den Besitz des Marktes Neunkirchen am Brand überging. 1989 entschlossen sich die Marktgemeinde und der Landkreis Forchheim gemeinschaftlich zu einer Restaurierung. Als Haus des Gebets und der interreligiösen Begegnung sowie als Museum für die Geschichte und Kultur der jüdischen Landgemeinden wurde es 1994 wieder geweiht und neu eröffnet.

Der Innenraum der Synagoge ist so weit wie möglich rekonstruiert, verschiedene Dokumente im Treppenhaus und auf der Frauenempore erzählen vom einstmaligen Alltag der Juden in Ermreuth und andernorts in Franken. Auch der jüdische Friedhof am Hang des Heinbühls nordwestlich des Dorfs wurde ein Stück weit wiederhergestellt. 223 von ehemals über 800 Gräbern sind heute wieder erkennbar. Lesungen, Konzerte, Sonderausstellungen oder die Feier des Chanukka-Festes – Rajaa Nadler, die Synagogen-Beauftragte des Zweckverbands Synagoge Ermreuth, bringt auf vielerlei Weise Leben ins Haus und bietet zudem informative Führungen durch die Synagoge und zum Friedhof an.

Adresse Wagnergasse 8, 91077 Neunkirchen am Brand-Ermreuth, www.synagoge-museum-ermreuth.de | **ÖPNV** ab Igensdorf (Bahnhof) Regionalbus 223, Haltestelle Abzweigung Ermreuth | **Anfahrt** B 2, Abzweigung Igensdorf, Richtung Walkersbrunn, nach etwa fünf Kilometern links nach Ermreuth, im Ort der Beschilderung folgen | **Öffnungszeiten** April–Okt. jeweils dritter So im Monat 14–17 Uhr, Synagogenführungen jeweils am 1. So im Monat um 15 Uhr sowie nach Vereinbarung (auch für Schulklassen) | **Tipp** Besuchen Sie das Jüdische Museum Franken in Schnaittach (Museumsgasse 12–16, 91220 Schnaittach) mit restaurierter Synagoge.

OBERTRUBACH

78 Die Ruine Wolfsberg
Aussichtsreiches Ziel im Trubachtal

Unser eigentlicher Ort liegt in Wolfsberg, genauer gesagt oberhalb des Dorfs Wolfsberg. Wir empfehlen aber dringend: Fahren Sie nicht direkt dorthin, sondern gehen Sie über Obertrubach. Und zwar zu Fuß. In Obertrubach entspringt der Fluss Trubach, der 22 Kilometer weiter im Nordwesten bei Pretzfeld in die Wiesent mündet. Besonders die ersten drei Kilometer des frisch geborenen Flüssleins und seines Tals sind zauberhaft schön, und die sollten Sie laufen. Sie kommen an hübschen Mühlen vorbei und durch ein Eldorado der Kletterer. Einer der Felsen heißt sogar so. Ein anderer »Richard Wagner«. Ob er wirklich Ähnlichkeit mit dem Profil des Bayreuthers hat, müssen Sie selbst entscheiden. In Wolfsberg angekommen, erklimmen Sie die Treppen zur Ruine und betrachten Ihren zurückgelegten Weg durch den Ort und wie es mit der Trubach weitergeht. Mit anderen Worten: Ihnen zu Füßen liegt die ganze Pracht des westlichen Trubachtals.

Ebenfalls schön, aber wahrscheinlich vor allem nützlich fanden diese Lage die Edelfreien von Wolfsberg. Vermutlich um 1175 errichteten sie hier ihre Burg. Gegen wen genau sie sich zur Wehr setzen wollten, ist leider nicht bekannt.

Die arme Burg musste im Laufe ihrer Geschichte viel mitmachen: Besitzerwechsel, Zerstörungen, Wiedererrichtungen, abermalige Zerstörungen. Und ihr Ende war unrühmlich. Der bayerische Staat, dem sie ab 1803 gehörte, verkaufte das einsturzgefährdete Gebäude für 50 Gulden an einen Steinmetzen. Dieser schenkte es seinem Schwiegersohn. Und der trug es ab und verkaufte die Bauteile Stück für Stück.

Somit ist erklärt, warum von der Burg heute nicht mehr übrig ist als der Keller, der Brunnen und eine Mauer. Auch Letztere wäre nicht mehr da, hätte die Gemeinde Obertrubach sie nicht in den 1980er Jahren aufwendig saniert. Und auf diese Weise einen der imposantesten Aussichtspunkte der Fränkischen Schweiz erhalten.

Adresse Wolfsberg 1, 91286 Obertrubach | **ÖPNV** ab Pegnitz (Bahnhof) Regionalbus 389 bis Gößweinstein, dann Regionalbus 222, Haltestelle Obertrubach | **Anfahrt** über A9, Ausfahrt Plech, dann über Betzenstein nach Obertrubach, von Obertrubach nach Wolfsberg führt der Trubachtal-Wanderweg (Markierung »blauer Strich«) | **Tipp** Etwa 1,5 Kilometer nordwestlich von Wolfsberg (Markierung »roter Punkt«) befindet sich der Signalstein, ein 15 Meter hoher Felssporn, der früher als Rauch- und Feuersignalstelle diente. Über zwei Treppen kann er ohne Seil und Haken erklommen werden.

79 — Die Pegnitzquelle
Forellentreff im frischen Nass

Hier ist der Ursprung allen Lebens – zumindest was die Stadt Pegnitz angeht. Sie ist diejenige, welche dem »östlichen Eingangstor« zur Fränkischen Schweiz seinen Namen gegeben hat. Die Rede ist von der Pegnitzquelle. Eingebettet zwischen zwei überaus imposante Berge, hat dieses Wässerchen schon so manche Dienste für Pegnitz verrichtet. Im Spätmittelalter war die Schüttung des Quelltropfes noch so stark, dass die Zaußenmühle, die gleich unterhalb des Quellursprungs liegt, damit betrieben werden konnte. In den Zuständigkeitsbereich der Quelle im frühen 18. Jahrhundert fiel es, die kleine Stadt mit sauberem Trinkwasser zu versorgen. Auch für den einmal in der Zaußenmühle ansässigen Rotgerber war sie eine segensreiche Unterstützung.

Heute ist aus der Pegnitzquelle ein Springbrunnen geworden, der allerdings nicht immer fröhlich vor sich hin blubbert. Sie ist mittlerweile lange nicht mehr so stark, wie sie es einmal war. Es ist sehr niederschlagsabhängig, wie sehr man die Quelle sprudeln sieht. Aber ob stark spritzig oder eher gediegen – das glasklare Wasser überzeugt immer. Vor allem an heißen Sommertagen, an denen man sich nach Abkühlung sehnt, ist ein Spaziergang hierher eine hervorragende Idee.

Die Quelle ist von einem runden Bassin umgeben, in dem sich Forellen tummeln. Man kann sich dort an den Rand des Bassins setzen und einfach seine Beine ins kühle Nass baumeln lassen. Dabei hört man das gleichmäßige Geräusch des kleinen Mühlrades, das das Wasser der Pegnitzquelle in Richtung Stadt transportiert – beinahe ein meditativer Ort.

Nach kontemplativem Fischefüttern stolpert man dann einfach ein paar Stufen von der Pegnitzquelle abwärts, und schon steht man im beschaulichen Biergarten der Zaußenmühle. Nach einer Stärkung mit fränkischer Kost kann man dann getrost das Eingangstor der Fränkischen Schweiz durchschreiten.

Adresse direkt an der Zaußenmühle, Bayreuther Straße 3, 91257 Pegnitz | **Anfahrt** A 9, Ausfahrt Pegnitz | **Tipp** Der Schlossberg bei Pegnitz ist immer einen Ausflug wert. Im Juli findet hier das Umsonst-&-Draußen-Festival Waldstock statt.

PEGNITZ-LEUPS

80_ Die Brauerei Gradl
Von Keckbrot und Klacksbrot

Ein lauter Knall verkündigt – das Bier steht. Durch die wunderbar getröpfelte Bierspur am Boden kann man genau nachvollziehen, welchen Weg der Wirt gegangen ist. Ein neu hinzugekommener Gast wird nach dem Getränkewunsch gefragt. »A Bia?« Ein unsicherer Blick gen Wirt. Die Frage wird wiederholt. »Mogst a Bia?« Der Gast bestellt Wein. Wenig später steht ein schäumendes Leupser Dunkel auf dem Tisch. Den nebenan sitzenden Stammgästen huscht ein kurzes Grinsen übers Gesicht, ehe sie sich weiter unterhalten.

Der ortsunkundige Gast trinkt von seinem Bier – der Wirt hat wie immer genau ins Schwarze getroffen. Das Bier schmeckt und macht Lust, auch etwas zu essen. Kurz überlegt er, ob er den Wirt herbeiwinken soll, der gerade gedankenverloren beim Gläserspülen aus dem Fenster blickt. Ein kurzes Räuspern. Keine Reaktion. Ein etwas lauteres Hüsteln. Keine Reaktion. Angelockt durch die leeren Krüge der Stammkundschaft, nimmt der Wirt dann aber doch Kurs auf den Tisch des fremden Gastes. Nach unzähligen Versuchen des Wirts, dem Gast zu erklären, was sich hinter der Buchstabenkombination von Keckbrot, Klacksbrot und Co. verbirgt, resigniert er, und der Gast bestellt Bratwürste.

Die Würschtla schmecken dem Gast – sind ja auch aus den Schweinchen gemacht, die man im Hof der Gaststätte ab und an grunzen hört. Die Stammtischler versuchen noch einmal, den neuen Gast in ihr Gespräch zu integrieren. Jedoch nur mit mäßigem Erfolg. Des Fränkischen nicht mächtig, beschränken sich die Antworten des Neulings meist nur auf ein Nicken. Nach weiteren Leupsern amüsiert sich der Gast dann doch noch über alle Maßen und redet, ohne etwas zu sagen, intensiv mit der Wirtin, die nebenbei am Zeitunglesen ist.

Der Abend neigt sich dem Ende entgegen. Am Ende sitzt nur noch der neue Gast im Gastraum. Ein Greenhorn, das in Leups noch einen weiten Weg vor sich hat.

Adresse Leups 6, 91257 Pegnitz-Leups | **Anfahrt** A 9, Ausfahrt Trockau, den Straßenschildern folgen | **Öffnungszeiten** Mo, Mi–So 9 Uhr | **Tipp** Fahren Sie zum Rotmainursprung, eine der Quellen des Mains. Er befindet sich im Lindenhardter Forst zehn Kilometer nördlich von Lindenhardt (Wanderparkplatz).

81 Das Deutsche Kameramuseum
Tausend Möglichkeiten, den Augenblick zu bannen

Im Dezember 2011 wurde es eröffnet und ist nach Einschätzung von Experten bereits jetzt bundesrepublikanisch so einmalig, dass es den Titel »Deutsches Kameramuseum« völlig zu Recht trägt. Von Agfa bis Zeiss, von Spielzeugkamera bis Spionagekamera, von DDR-Kamera bis Russen-Kamera, von Stereokamera bis Sofortbildkamera, von Filmkamera bis Videokamera, von erster Spiegelreflexkamera über Einwegkamera bis Digitalkamera, von Projektor bis Kino- und Laboreinrichtung – auf den 250 Quadratmetern im Obergeschoss der Grundschule Plech gibt es einfach alles, was nur im Entferntesten mit dem »Augenblick, verweile doch« und seinen Einfang- und Wiedergabetechniken zu tun hat. Ein komplettes Fotofachgeschäft aus guten analogen Zeiten ist aufgebaut, der Arbeitsplatz eines Kameramechanikers mit einer Palette an Ersatzteilen sowie zerlegten Gehäusen und Optiken, ein Trickfilmtisch und die staunenswerte Repro-Kamera der Marke »Falz & Werner« aus dem Jahr 1928 von 4,40 Meter Länge.

Welche zig Leute dies alles zusammengetragen haben? Keine zig. Zunächst mal nur ein Einziger: Kurt Tauber. Der Mann schrieb und fotografierte von 1974 bis 2010 als Lokalredakteur und Redaktionsleiter in Pegnitz und sammelte nebenbei Fotokameras und Zubehör. Er sammelte, bis die Sammlung quasi museumsreif war. 2008 gründete er unter dem Verwaltungsdach der Marktgemeinde Plech die Stiftung »Kameramuseum Kurt Tauber«. Seine Schätze bildeten den Grundstock, Sachspenden von Privatleuten, Institutionen und Fotogeschäften aus ganz Europa ließen die Sammlung drei Jahre lang weiterwachsen. Im September 2011 war Tauber frischgebackener Rentner und verwirklichte in Zusammenarbeit mit der Gemeinde den lang gehegten Plan.

Heute sind in seinem Museum 15.000 Exponate zu bewundern. Eine größere Ausstellung zum Thema Kamera gibt es derzeit in ganz Deutschland nicht.

Adresse Schulstraße 8, 91287 Plech, www.kameramuseum.de | **ÖPNV** ab Pegnitz (Bahnhof) Regionalbus 380, Haltestelle Plech (Mitte) | **Anfahrt** über A9, Ausfahrt Plech, in den Ort Plech hineinfahren, ab der Hauptstraße der Beschilderung folgen | **Öffnungszeiten** So 11–17 Uhr, Sonderveranstaltungen siehe auf der Homepage und nach Vereinbarung | **Tipp** Eine lohnende Wandertour mit der Kamera im Gepäck ist der sechs Kilometer lange Rundweg um den Gottvaterberg – Start am Kirchplatz in Plech, Markierung »roter Ring«.

82 Die Aussichtsbank
Wo das Bilderbuch Wirklichkeit ist

Tausende Besucher strömen alljährlich am Abend des Dreikönigstags (6. Januar) nach Pottenstein, um dabei zu sein, wenn die im Idealfall beschneiten Hänge und Hügel rund um das Städtchen im Schein von 1.000 Feuern erstrahlen, während die Prozession zum »Beschluss der Ewigen Anbetung« unter Blasmusikklängen und Liedgesängen durch den Ort zieht. Natürlich ist es schön, einer dieser Tausenden zu sein und das traditionelle Lichterfest mitzuerleben, schön aber ist es auch, im Frühjahr, Sommer oder Herbst auf der Aussichtsbank zu sitzen, allein oder zu zweit, und einfach zu schauen, ohne dass da etwas Besonderes passiert. Das Besondere nämlich ist Pottenstein selbst.

Die Aussichtsbank befindet sich auf der Anhöhe zwischen dem Püttlachtal und dem Marienthal, direkt neben dem Wanderweg »blauer Punkt«. Man blickt hier in etwa von Ost nach West – weswegen Sonnenaufgang und Sonnenuntergang gute Besuchszeiten für diesen Ort sind – und ziemlich genau in Fließrichtung der Püttlach. Das Flüsslein ist bescheiden klein für die Breite des Tals, fast als hätte es der Stadt noch Platz lassen wollen. Und diese hat den Raum gern angenommen und schmiegt sich nun passgenau in die Ebene zwischen den Hängen. Die Häuser und Kirchen stehen da, als hätte sie jemand aus einem Baukasten genommen und liebevoll in eine Anordnung gebracht. Zur Rechten wachsen sie ein wenig den Berg hinauf, zur Linken thront auf einem Felsblock die Burg. Die Hügel wiederum mit ihren Blumen, Büschen und Felsen legen sich wie grüne Arme um den Kern der Stadt. Natur und Siedlung scheinen sich regelrecht ineinander verschlungen zu haben.

So beschaulich war die Szenerie allerdings nicht immer. Der Sockel des ehemaligen Galgens auf dem »Bayreuther Berg« ist im Sommer 2013 freigelegt worden. In der »Magerscheune« entsteht ein Doku-Zentrum, das an die dortige ehemalige Außenstelle des KZ Flossenbürg erinnert.

Adresse östlich und oberhalb der Straßen Mariental und Fronfeste, 91278 Pottenstein | **ÖPNV** ab Bayreuth (Goethestraße) Regionalbus 397, Haltestelle Pottenstein Mariental, von hier etwa 20 Minuten Fußweg (siehe unten) | **Anfahrt** über A 9, Ausfahrt Pegnitz-Grafenwöhr, dann über B 470, den Straßenschildern folgen, nach dem Ortseingang rechts in Hauptstraße, am östlichen Ortsende parken, dann ab Supermarkt Wanderweg »blauer Punkt«, Beschilderung »Bergwachthütte«, nach der Hütte scharf links den Hang leicht bergab bis zur Bank | **Tipp** Burg Pottenstein, die älteste Burg der Fränkischen Schweiz, bietet Übernachtungsmöglichkeiten, Führungen, Ausstellungen und weitere Veranstaltungen, siehe www.burgpottenstein.de.

POTTENSTEIN

83 Das Felsenbad
Bergseeoase mit Jugendstil

Seit 2001 ist es wieder so schön, wie es jahrzehntelang war, das Felsenbad in Pottenstein. 1925 von der Gesellschaft »Kurbad Pottenstein« errichtet und 60 Jahre lang der große Sommermagnet der Fränkischen Schweiz, wurde es 1988 wegen hygienischer und baulicher Mängel geschlossen und verfiel in den folgenden zehn Jahren zur pflanzenüberwucherten Ruine. Nun, seit 2001, ist es fast noch schöner, als es immer war.

Denn sein Zentrum bildet nun kein chlorwassergefülltes rechteckiges Becken mehr, sondern ein bergseegleicher Teich von grünblauer Farbe, umgeben von Schilf und hölzernen Stegen. Die Jugendstilgebäude der 1920er Jahre konnten größtenteils renoviert werden, die mächtige Dolomitfelswand, der das Bad seinen Namen und Reiz verdankt, hat sich von einem knappen Jahrhundert Zeit nicht verändern lassen. Neu in den Hang neben dem Fels wurde eine Sonnenterrasse gebaut, und auf dem Plateau vor den Arkadenböden befindet sich einer der schönsten Biergärten Frankens, der auch unabhängig vom Freibad besucht werden kann. Ein Bachlauf schlängelt sich am Kinderbecken vorbei und speist den großen Teich ständig mit frischem Wasser. Das Ganze sieht sehr nach Urlaub aus.

Die Idee zur Wiedererrichtung des Traditionsbades in Form eines kostengünstigen »Naturbads« hatten Mitglieder des 1993 gegründeten Fördervereins Felsenbad Pottenstein e. V., die sich mit einem Ende der beliebten Einrichtung nicht abfinden wollten. Ein geeignetes Vorbild fanden sie in Österreich. Von 1999 bis 2001 wurde ihr Plan in die Tat umgesetzt. Die Anlage wurde so gebaut, dass das Wasser über Pumpmechanismen auf natürliche Weise laufend aufbereitet und gereinigt wird und von der Sonne auf bis zu mollige 25 Grad erwärmt. Sprich, das neue Felsenbad ist genügsam im Unterhalt, erfreut aber alle Sinne – eine Kombination, die rundum überzeugt und bald nach Eröffnung Nachahmer in ganz Bayern und deutschlandweit fand.

Adresse Pegnitzer Straße 35, 91278 Pottenstein, www.felsenbad.eu | **ÖPNV** ab Pegnitz (Bahnhof) Regionalbus 389, Haltestelle Pottenstein Schöngrundsee | **Anfahrt** über A9, Ausfahrt Pegnitz-Grafenwöhr, dann über B 470, den Straßenschildern folgen | **Öffnungszeiten** bei schönem Wetter 9.30–19 Uhr; Änderungen werden tagesaktuell auf der Homepage bekannt gegeben | **Tipp** Gönnen Sie sich eine rasante Bergabfahrt auf der Sommerrodelbahn direkt gegenüber dem Felsenbad, siehe www.sommerrodelbahnen-pottenstein.de.

POTTENSTEIN

84 Die Teufelshöhle
Wo der Stein tropft und die Fledermäuse hausen

Sie ist die Königin unter den Höhlen: die Teufelshöhle bei Pottenstein, mit mehr als 150.000 Besuchern im Jahr eine der attraktivsten Schauhöhlen in Europa. Besonders sehenswert ist der »Barbarossadom«, eine riesige Halle tief im Fels, in der locker eine Dorfkirche Platz hätte.

Daneben, tief im Stein, ein Therapiezentrum, in dem Liege- und Unter-Tage-Kuren angeboten werden, ein uraltes Forschungslabor (Höhle und Karst e. V.) und in den Sommermonaten der Betrieb auf der Kleinkunstbühne. Außerdem jede Menge Fledermäuse, die auch ungestört überwintern können, in einem abgeschlossenen Bereich. Rund 200 Exemplare sollen es sein. Der Höhlenbär dagegen ist inzwischen ausgestorben und kann nur noch als Skelett besichtigt werden.

Den Eingang bildet eine gewaltige Felsgrotte mit einer acht Meter hohen Terrasse, früher das »Teufelsloch« genannt. Die eigentliche Attraktion sind freilich die Tropfsteine. Und die entstehen, aufgepasst, Kids, so: Das in den Fels eindringende Regenwasser löst im Lauf der Zeit Kalzium und Kalk und baut ihn an anderer Stelle wieder auf. Hängt nun ein Tropfstein von der Decke, so wird er »Stalaktit« genannt, ragt er dagegen vom Boden empor, so ist es ein »Stalagmit«. Rund 13 Jahre dauert es, bis er um einen Millimeter gewachsen ist. Treffen sich im Verlauf einiger Jahrtausende ein Stalaktit und ein Stalagmit, so entsteht eine Säule.

Mehr als 1.000 Höhlen gibt es in der Fränkischen Schweiz; 200 davon, so heißt es, seien einen Besuch wert, darunter die Binghöhle bei Streitberg, 1905 vom Nürnberger Spielzeughersteller Ignaz Bing entdeckt und Deutschlands größte Galerietropfsteinhöhle.

Oder die Sophienhöhle bei Burg Rabenstein, die als eine der schönsten Höhlen in Deutschland gilt und von sogenannten Strudelwürmern bewohnt wird. Deren Entstehung und Identität wird noch erforscht.

Adresse Pegnitzer Straße 100, 91278 Pottenstein; Info Verkehrsbüro Tel. 09243/208, www.teufelshoehle.de | **ÖPNV** Bahnhof Pegnitz, dann Bus 389, Haltestelle Teufelshöhle | **Anfahrt** A 9 bei der Ausfahrt Pegnitz in Richtung Pottenstein verlassen, der B 470 bis zur Teufelshöhle folgen | **Öffnungszeiten** Sommer Mo–So 9–17 Uhr; Winter So 11–15 Uhr | **Tipp** Die Besichtigung lässt sich gut mit einem Kurzurlaub im Luftkurort Pottenstein verbinden.

POTTENSTEIN-HOHENMIRSBERG

85 — Die Platte
Dachterrasse der Fränkischen Schweiz

Höchste Orte sind natürlich immer sehenswerte Orte. Daher erwarten Sie zu Recht, dass wir Sie in diesem Buch zum höchsten Ort der Fränkischen Schweiz führen. Gut. Der höchste ist – wie Sie sich wahrscheinlich denken – ein Gipfel. Der zugehörige Berg heißt die »Hohe Reuth«, ist 635 Meter hoch, befindet sich südöstlich von Spies und bietet leider wenig Aussicht auf die Fränkische Schweiz. Wenn Sie dies haben wollen, gehen Sie lieber zum zweithöchsten, dem »Kleinen Kulm« nordwestlich von Pegnitz unmittelbar jenseits der A 9, oder aber gleich zur Platte.

Für uns besonders bemerkenswert ist nämlich, dass es in der Fränkischen auch eine höchste Platte gibt: die Hohenmirsberger Platte nördlich des gleichnamigen Orts. Sie überragt mit ihren 614 Metern alle anderen Berge und Anhöhen rechts und links der Täler von Püttlach, Ailsbach, Wiesent und Aufseß und bietet von daher einen im wahrsten Sinne des Wortes erhabenen Rundumblick.

Zu dieser exponierten Geländestellung kam es, weil die Platte Teil einer böhmisch-fränkischen Erdzunge ist, die sich aufgrund komplexer geologischer Vorgänge gehoben hat. Was genau passiert ist, erfahren Sie im dort errichteten Geologie-Pavillon und auf dem fünf Kilometer langen Geo-Pfad. Dabei lernen Sie auch einiges über das Meer, das im Jura-Zeitalter das damals tropische Europa überschwemmte, sowie über das Getier, das darin lebte.

Wenn Sie sich dann noch etwas Zeit für den Fossilienklopfplatz unterhalb des Aussichtsturms nehmen, gehen Sie bestimmt mit einer hübschen in Stein verewigten Muschel oder einem Ammoniten nach Hause.

Ein Besuch der Platte lohnt sich übrigens auch im Winter. Der Aussichtsturm ist von 8. Dezember bis Ende Januar jeweils ab Einbruch der Dunkelheit weihnachtlich beleuchtet. An Wochenenden lädt der Betreiber des Fossilienklopfplatzes Siegfried Groß außerdem zu allerlei Aktionen und Veranstaltungen ein.

Adresse nordöstlich von Hohenmirsberg, 91278 Pottenstein-Hohenmirsberg | **Anfahrt** über A 9, Ausfahrt Trockau, über Vorderkleebach Richtung Hohenmirsberg, rechts bis Aussichtsturm, dort Parkplatz | **Öffnungszeiten** Fossilienklopfplatz: über Tourist-Information Pottenstein unter Tel. 09243/70841 | **Tipp** Besuchen Sie den »Großen Kulm« (682 Meter) – auch der »Raue Kulm« genannt –, der sich 20 Kilometer südöstlich von Bayreuth befindet. Von seinem Aussichtsturm aus kann man das Fichtelgebirge, die nördliche Oberpfalz und die Fränkische Schweiz überblicken.

POTTENSTEIN-TÜCHERSFELD

86 Das Museumsdorf
Fränkische Schweiz auf kleinstem Raum

Nehmen wir mal an, Sie waren noch nie in der Fränkischen Schweiz, haben aber nur für einen einzigen der in diesem Buch beschriebenen Orte Zeit. Ganz einfach. Fahren Sie nach Tüchersfeld. Dolomitfelstürme, Fluss, Kirche, Fachwerkhäuser, Gastwirtschaft, Prädikatswanderweg – hier sind alle einschlägigen Merkmale der Fränkischen Schweiz versammelt.

Die fast plakative Eingängigkeit von Tüchersfeld erkannten zunächst Maler und Zeichner des 19. Jahrhunderts. Später Werbegrafiker der Deutschen Bundespost und der Lufthansa, die aus der zentralen Ortsansicht eine Briefmarke beziehungsweise ein Poster für die internationale Flugwerbung machten.

Tüchersfeld ist nun aber nicht nur visuelles Symbol der Fränkischen Schweiz, es ist auch Zentrum umfassenden Wissens über sie. Denn wo sonst, wenn nicht in diesem Vorzeigedorf sollte sich das »Fränkische-Schweiz-Museum« befinden? Seine Heimat hat es 1985 an der schönsten und geschichtsträchtigsten Stelle des Orts gefunden, nämlich in ebenjenem Häuserkomplex, der sich so malerisch unter die Felstürme kauert. An diesem Platz befand sich zunächst eine der Tüchersfelder Burgen. Später, im 18. Jahrhundert, der sogenannte Judenhof, ein kleines Wohnquartier, das Juden aus den ehemaligen Burg-Nebengebäuden errichteten, mit einer Synagoge als religiösem Zentrum. Um 1980 wurde das Ensemble komplett restauriert und ist nun allein als solches einen Besuch wert. Putzige Häuschen, gruppiert um einen Innenhof, in der Mitte ein Backofen und ein kleiner Bauerngarten. Eine Treppe führt zu einer Aussichtsplattform, die einem Tüchersfeld zu Füßen legt.

Wissensdurstige können sich dann in den 43 liebevoll eingerichteten Räumen dieser Häuschen sattsehen und lesen. Die komplette Geschichte der Fränkischen Schweiz ist dokumentiert, von der geologischen Entstehung bis hin zu den Berufen und Bräuchen ihrer heute ältesten Bewohner.

Adresse Am Museum 5, 91278 Pottenstein-Tüchersfeld, www.fsmt.de | **ÖPNV** ab Pegnitz (Bahnhof) Regionalbus 389, Haltestelle Tüchersfeld | **Anfahrt** über B 470, Tüchersfeld liegt zwischen Gößweinstein und Pottenstein, alle Orte sind ausgeschildert | **Öffnungszeiten** April–Okt. Di–So 10–17 Uhr; Nov.–März So 13.30–17 Uhr oder nach Vereinbarung | **Tipp** Sehr schön ist die kleine Wanderung durch den »Tiefen Grund« nach Kleinlesau (Markierung »roter Ring«).

PRETZFELD

87 Die Kirschengemeinde
Von Königinnen und einem vergessenen Maler

Am schönsten ist es zur Kirschblüte. Dann breitet sich ein Meer von weißen Blüten rund um Pretzfeld aus und bezaubert mit einem Fluidum aus Leichtigkeit und Anmut. Die Landschaft mit ihren Hügeln und Tälern, sonst eher schwer und erdig, scheint zu schweben, das Licht ist heller, die Natur ein einziges Versprechen auf den nahen Sommer. Alles wird gut, keine Sorge, ist die Botschaft.

Eine Leichtigkeit des Seins, wie man sie auch in den Bildern des lange Zeit auf Schloss Pretzfeld lebenden Malers Curt Herrmann (1854–1929) entdecken kann. Der Frühimpressionist (Kunstgeschichtler nennen ihn gern den »deutschen Signac«), Mitbegründer der Berliner Secession und zeitweise Gegenspieler von Max Liebermann, fand seine Themen in seinem Berliner Umfeld und in den Naturidyllen der Fränkischen Schweiz. Blumen und Ansichten seiner näheren Heimat sind seine Sujets, aber auch die Dachlandschaft einer Straße in Berlin.

Pretzfeld kann auf ihn genau so stolz sein wie auf St. Kilian, die barocke Kirche im Ortskern, und natürlich auf seine Kirschenkultur an den Hängen und auf den Höhen des Fränkischen Jura. Die Stadt zählt zu den wichtigsten Anbaugebieten in Deutschland. Ausgehend von den gartenkulturellen Bemühungen des Klosters Weißenohe im 11. Jahrhundert, gedeihen hier wunderbar knackige Süßkirschen, von leuchtend rot bis fast schwarz. Sorten, die auf so edle Namen wie Regina (Königin), Burlat oder Kordia hören. Einmal im Jahr, Mitte Juli in der Regel, findet dann die Kirschenkerwa statt, bei der auch die Kirschenkönigin ihren Einsatz hat. Dann steht der Ort sechs Tage lang Kopf.

Gut 60 Jahre kann so ein Kirschbaum alt werden. Dafür muss er allerdings gut gepflegt werden, was nicht zuletzt heißt: Schutz bei Frost und starkem Regen vor der Ernte sowie Bewässerung bei langer Trockenheit. Denn auch das sind Kirschen: wählerisch und empfindlich.

Adresse Hauptstraße 3, 91362 Pretzfeld, Tel. 09194/7347-0 | **Anfahrt** auf der A 73 bis Forchheim, dann weiter auf der B 470 in Richtung Ebermannstadt | **Tipp** Schloss Pretzfeld, nach wie vor in Besitz der Familie Herrmann, bietet Führungen durch das Werk des Malers an, nach Vereinbarung unter Tel. 09194/7258036. Oder man wandert auf dem circa neun Kilometer langen Kirschenweg rund um Pretzfeld.

88 Der Röthelfels
Mit Fuß- und Fingerspitzengefühl in die Senkrechte

Das Jurameer hat der Fränkischen Schweiz ein großes Geschenk gemacht: Es hat ihr versteinerte Schwammriffe hinterlassen und damit Kletterfelsen, die nicht zu den höchsten, aber sicherlich zu den schönsten Europas zählen.

Für den Anfänger bietet der feste, griffige Kalk unzählige Knubbel, Podeste, Risse, Rinnen, Löcher und Henkel. Auf und an diesen kann er seine Hände und Füße unterbringen, sodass er ohne großes Training einen Zehn-Meter-Turm hinaufkommt, der ihm ein Gipfelerlebnis mit Landschaftsaussicht beschert. Für den Könner bietet er eine Reibung, die den Füßen Halt gibt, ohne dass die Finger wund werden, und somit die Möglichkeit, sich von mehr oder weniger glatten Wänden und Überhängen herausfordern zu lassen.

1991 meisterte Kletter-Ikone Wolfgang Güllich mit der Route »Action Directe« am Waldkopf im Krottenseer Forst erstmals den Schwierigkeitsgrad 11 und stellte damit einen neuen Weltrekord auf. Insgesamt gibt es in der Frankenalb derzeit gut 7.000 Kletterrouten.

Eine der größten Wände ist der Röthelfels. 800 Meter lang und bis zu 30 Meter hoch, bietet er 17 einzelne Felspartien, an denen jeweils mehrere Routen markiert und mit Sicherungen versehen sind. Schwierigkeitsgrade ab 5 aufwärts. Für die ersten Gehversuche am Fels sind sie also nicht unbedingt geeignet, aber dazu, beim Zuschauen ins Staunen zu kommen, und dazu, die Lust auf den eigenen Dialog mit den schönen Steinformationen zu wecken.

Denn selbst in einer solchen Wand zu stehen, nach Griffen zu suchen, sich Stück für Stück nach oben zu hangeln und nach einigen Verzweiflungskrisen oben angelangt zu sein, ist ein Erlebnis, das jeder einmal gehabt haben sollte. Etliche Kletterschulen bieten alles, was das Herz des Kletterwilligen begehrt: vom halbtägigen Schnupperkurs über mehrtägige Basis- und Fortgeschrittenenkurse bis hin zum Spezialtraining. Just do it.

Adresse zwischen 91362 Pretzfeld-Urspring und 91327 Gößweinstein-Morschreuth | **Anfahrt** über B 470, Abzweigung Pretzfeld nach Wannbach, dann Richtung Morschreuth; nach dem Weiler Urspring Parkplatz in einer Linkskurve, auf Waldpfad gegenüber in 15 Minuten zur Wand | **Tipp** Lassen Sie den Tag im Brauereigasthof Georg Meister ausklingen – in Unterzaunsbach im Trubachtal östlich von Wannbach.

89 — Der Gügel

… und sein ewiges Gegenüber, der Giech

Gügel geht nicht ohne Giech. Und Giech nicht ohne Gügel. Das eine ist eine Kapelle, das andere eine Burg. Beide trennt ein sanfter Wald- und Wiesen-Hügelschwung, rund 1.000 Meter Wegstrecke. Hier auf dem einen Hügel die Kapelle, dort auf dem anderen, etwas höheren Hügel die Burg. Aus der Ferne sehen sie aus wie zwei Geschwister, die einander unähnlicher nicht sein könnten und doch immerzu den anderen anschauen müssen. Ob es nun schöner ist, mit der Gügelkapelle zur Giechburg zu schauen oder mit der Giechburg zur Gügelkapelle, das müssen Sie selbst ausprobieren.

Wenn Sie's nicht erwarten können, laufen Sie zunächst zur Giechburg und schauen Sie. Schauen Sie zum Gügel, schauen Sie in alle anderen Himmelsrichtungen und schauen Sie die Burg an. Es ist nämlich keineswegs selbstverständlich, wie sie so dasteht. Bis 1971 war das aus dem 12. Jahrhundert stammende, mehrmals zerstörte und schließlich verfallene Bauwerk nichts als eine schöne Ruine. Dem Landkreis Bamberg, der sie in diesem Jahr erwarb, ist es zu verdanken, dass sie wieder zur passablen Burg wurde. Im Bergfried finden regelmäßig Ausstellungen statt. Im Haupthaus gibt es eine Gaststätte mit hübschem Biergarten. Frisch gestärkt können Sie sich nun auf den Rückweg machen.

Auch der Gügel war ursprünglich eine Burg. Übrig blieb von dieser aber nur die Kapelle zu Ehren des heiligen Pankratius, die heute – nach mehreren Zerstörungen und Wiedererrichtungen – eine Wallfahrtskirche ist. Der Einstieg ist nicht einfach: durch die Lourdes-Grotte in dem Felsen, auf dem die Kirche steht, über eine Wendeltreppe, einen Gang und eine weitere Treppe in die Sakristei und von da in die Kirche. Das Suchen wird belohnt: Der Innenraum ist prächtig ausgestattet.

Sollten Sie abermals Durst bekommen haben, werden Sie auch hier, im Gügel-Biergarten, bestens versorgt. Vergessen Sie aber am Ende nicht einen letzten Blick zum Giech.

Adresse Gügel, 96110 Scheßlitz, www.schesslitz.de | **ÖPNV** ab Bamberg (Promenade/ZOB) Regionalbus 970, Haltestelle Zeckendorf, von hier circa 30 Minuten Fußweg zur Giechburg (Markierung »roter Strich«) | **Anfahrt** über A 70 nach Scheßlitz, dann über Staatsstraße 2187 nach Zeckendorf, nach der Ortschaft rechts zum Gügel (Beschilderung) | **Öffnungszeiten** ganzjährig ohne Führungen zu besichtigen, Infos zu Ausstellungen im Giechburg-Bergfried unter www.landkreis-bamberg.de | **Tipp** In Scheßlitz gibt es schöne alte Bürgerhäuser und das sehenswerte barocke Elisabethenhospital.

THURNAU-LIMMERSDORF

90 Der Tanzlinden-Radrundweg
Ungewöhnlichen Kirchweihbräuchen auf der Spur

Thurnau ist Töpfer- und Künstlerstadt. Richtig, weiß jeder. Thurnau ist aber auch Tanzlindenstadt, und das weiß kaum einer. Um sie als solche kennenzulernen, muss man die Stadtmauern verlassen und die rund um Thurnau gelegenen Orte Limmersdorf, Langenstadt und Peesten anfahren. Oder – viel schöner – dem gut 30 Kilometer langen Tanzlinden-Radrundweg folgen, der in seiner Art einmalig in ganz Deutschland ist, denn er verbindet drei der insgesamt sechs betanzten Tanzlinden der Republik.

Betanzte Tanzlinde – was das überhaupt sein soll? Erklären wir's am Beispiel von Limmersdorf: Dort wurde am Dorfplatz im 17. Jahrhundert eine Linde gepflanzt, die – als sie groß genug war – in das Kirchweih-Geschehen einbezogen wurde. Über die Jahrhunderte hinweg entwickelten sich immer komplexere Tanzbräuche, sodass heutzutage zur Limmersdorfer Lindenkirchweih nicht nur um die Linde und unter der Linde getanzt wird, sondern auch in der Linde – was als »Tanz auf der Linde« bezeichnet wird. Die Paare tanzen dann auf einem Tanzboden in vier Meter Höhe, der eigens zur Kirchweih rund um den Stamm der Linde errichtet wird. Das Gerüst des Tanzbodens und seine acht tragenden Sandsteinsäulen sind das ganze Jahr über zu sehen.

Für Langenstadt gilt das Gleiche, nur dass die alte Tanzlinde hier 1990 ersetzt werden musste. Doch ihre Nachfolgerin ist schnell gewachsen, und so wird seit 2010 wieder fröhlich auf ihr getanzt.

Ebenfalls mit einer Rekonstruktion hat man es in Peesten zu tun, dafür aber mit einem ganzen »Lindensaal«. 87 Quadratmeter misst das überdachte Gebilde, wird von zwölf Säulen getragen und über eine steinerne Wendeltreppe erschlossen. Um 1600 erstmals errichtet, musste der luftige Tanzsalon 1947 zusammen mit der alten Linde entfernt werden. Seit 2003 drehen sich die Kirchweih-Paare nun wieder darin – jeweils am zweiten Sonntag im Juni. Man muss es gesehen haben.

Adresse Start zum Beispiel an der ältesten oberfränkischen Tanzlinde neben der Kirche von Limmersdorf, 95349 Thurnau, Routenbeschreibung unter www.tanzlinde-peesten.de/tanzlinden-radrundweg.html, nächste E-Bike-Verleihstation ist Obernsees (Akku-Wechselstation in Thurnau) | Anfahrt über A 70, Ausfahrt Thurnau-Ost, der Beschilderung nach Limmersdorf folgen | Tipp In Limmersdorf gibt es das »Deutsche Tanzlindenmuseum«, siehe www.tanzlindenmuseum.de.

UNTERLEINLEITER

91 — Der Schlosspark
Hier tummeln sich die Musen

17 Hektar ist er groß, erstreckt sich über Absätze, verschlungene Wege und viele Treppen hangaufwärts und umfasst einen topgepflegten Barockgarten mit sechs antiken Musen, einen Landschaftsgarten im »Englischen Stil«, ein Heckentheater, eine Streuobstwiese, ein Mischwaldgebiet mit Türkenbund, Akelei, Rotem Waldvögelein und gelegentlich einem Fuchs auf der Lichtung sowie etlichen Skulpturen zeitgenössischer internationaler Künstler. Mit anderen Worten: Der Schlosspark Unterleinleiter ist ein Erlebnis.

Und das ganz besonders, wenn man sich nach ausführlichem Spaziergang in die vorbereiteten Stuhlreihen setzt und gemeinsam mit anderen Besuchern das Konzert eines Streichquartetts, einer Big-Band oder eines Saxofonensembles genießt. Manch Wiesen- oder Waldduft steigt einem da in die Nase, manch Vöglein zwitschert mit, manch tiefer Sonnenstrahl lässt Blätter leuchten. Gelegenheit zu einem solchen Abend gibt es einige Male pro Sommer.

An zwei Nachmittagen im Jahr kann man außerdem an Führungen teilnehmen und dabei allerlei über die unterschiedlichen Gartenstile des Parks erfahren, über seine Flora und Fauna und über die Kunstwerke, die laufend ergänzt werden.

Alles in allem also ein phantastischer Ist-Zustand, der sich keiner geplanten, aber dafür einer umso glücklicheren Entwicklung verdankt. 1985 erwarb der Privatmann Knut Arndt das Anwesen und ließ Schloss wie Park restaurieren und zum Teil nach alten Plänen wiederherstellen.

2003, als alles fertig war, hatte er die spontane Idee, den Park der Öffentlichkeit zu zeigen und zur Feier des Tages ein Wandelkonzert zu veranstalten. Dies kam bei allen Beteiligten bestens an, die Dinge wurden weiterverfolgt, und so gibt es seit 2005 den Verein »Kunst und Musik im Schlosspark Unterleinleiter«, der alljährlich die beschriebenen Konzerte und Führungen organisiert. – Mit freundlicher Genehmigung des Schlossherrn.

Adresse Am Schlossberg 1, 91364 Unterleinleiter, www.schlosspark-unterleinleiter.de |
ÖPNV ab Ebermannstadt (Bahnhof) Regionalbus 221, Haltestelle Unterleinleiter Friedhof |
Anfahrt über B 470, Abzweigung bei Gasseldorf Richtung Heiligenstadt, in Unterleinleiter am Ortsende links | **Öffnungszeiten** nur im Rahmen von Veranstaltungen, siehe Homepage |
Tipp Nördlich von Unterleinleiter empfiehlt sich der Spaziergang von Veilbronn hinauf nach Leidingshof (Markierung »gelbes Dreieck«). Der Weg passiert die Mathelbach-Quelle und den dortigen »hydraulischen Widder«, eine wassergetriebene Wasserpumpe.

92 Das Fliegenfischer-Zentrum
Geschicklichkeitsspiele am Flussufer

Bachforellen, Äschen oder Saiblinge – welche der Wiesent-Fische schmecken am besten? Ein Fliegenfischer würde sagen: die selbst gefangenen. Nichts für Sie? Sie können keine Tiere töten? Dürfen Sie auch gar nicht, wenn Sie keinen Angelschein besitzen. Dennoch könnten Sie Fliegenfischen lernen. Sie schulen dabei Ihre Feinmotorik, erfahren eine Menge über Forelle und Co. und tun dabei weder einer Fliege noch einem Fisch etwas zuleide.

Faszinierend ist es allein schon, den Fliegenfischern zuzuschauen, wie sie da an den Ufern der Wiesent bei Waischenfeld stehen, ihre Angeln auswerfen und die Schnüre mit geschickten Bewegungen über die Wasseroberfläche tanzen lassen. Fliegenfischen ist eine ganz besondere Form des Angelns und die einzige, die an der Wiesent erlaubt ist.

Ein Fliegenfischer muss nicht zunächst auf Fliegenjagd gehen. Seine Köder baut er selbst, im Aussehen den für die Jahreszeit typischen Fliegen zum Verwechseln ähnlich. Weil diese Köder auch leicht sind wie Fliegen, muss zum Auswerfen der Angel allein das Gewicht der Angelschnur genügen, und das erfordert einiges an Technik und Übung. Hinzu kommt, dass je nachdem, welche Fliege gerade imitiert werden soll, die Route in besonderer Weise geführt werden muss. Schließlich soll die Forelle ja überzeugt werden, dass hier wirklich eine quicklebendige leckere Fliege vor ihrem Maul herumschwirrt. Also nichts mit gemütlich auf dem Klapphocker sitzen und auf Angel und Fluss schauen. Fliegenfischen ist Sport und Geschicklichkeitsaufgabe zugleich.

Natürlich lernt man das Fliege-Spielen nicht an einem Vormittag. Schon der Basiskurs dauert mindestens zwei Tage. Anfängern wird die Ausrüstung gestellt, einen Haken am Ende der Angelschnur bekommen nur die Angelscheininhaber. Für Frauen gibt es übrigens Extrakurse – einfach weil sie feinmotorisch besser sind und den Dreh schneller raushaben.

Adresse 91344 Waischenfeld, Schulen siehe www.fliegenfischen-hammermuehle.de (Waischenfeld/Pension Hammermühle) oder www.fliegenfischerschule-fraenkische-schweiz.de (Muggendorf/Goldner Stern) | **ÖPNV** ab Bayreuth (Goethestraße) Regionalbus 375, Haltestelle Waischenfeld Plärrer | **Anfahrt** über B 470, Abzweigung bei Pottenstein oder bei Muggendorf, den Straßenschildern folgen, die Pension Hammermühle befindet sich am Ortseingang links der Wiesent (Beschilderung) | **Öffnungszeiten** Saison März–Nov. | **Tipp** In die Burg Waischenfeld kann man Freunde, Verwandte oder Kollegen zum Ritteressen einladen, Infos unter www.burg-waischenfeld.de.

WAISCHENFELD

93 — Die Heckel-Bräu
Haus des flüssigen Bernsteins

Den Windzug des vorbeirauschenden Lastwagens noch im Nacken, flüchtet sich der Fremde in die 60er Jahre. Er betritt den Gastraum. Das Gerede erstirbt.

Blitzende Augen folgen ihm, bis er sich auf einem mit Häkeldeckchen gepolsterten Stuhl niedergelassen hat. Das Gebrummel setzt wieder ein, Karten fallen auf den Tisch. »Ein Stammtisch für Jäger, Fischer und sonstige Sprüchbeutel« steht darüber. Die Vorhänge sind zugezogen. Wie immer, sobald die Dunkelheit hereinbricht. Am Tisch gegenüber sitzt ein Männchen, grinst verschmitzt und schnupft fröhlich eine Prise nach der anderen.

Hinter dem Tresen die zwei Söhne des Gasthauses, die Mutter in der Mitte. Ein etwas mulmiges Gefühl überkommt den Gast, verfliegt aber schnell, als einer der Söhne beinahe zu ihm schwebt, um zu fragen, was er trinken möchte.

Geräuschlos wird das bernsteinfarbene Bier eingeschenkt und mit elfenhafter Leichtigkeit serviert. Nach zwei Bier überkommt den Fremden ein seltsam heiteres Gefühl, der nüchterne Raum trägt plötzlich den Anstrich des Familiären. Die beinahe einzige Dekoration ist ein Bierkrug auf einem Sockel. Die erste Scheu ist verflogen. Das Männchen beginnt Lieder aus vergangener Zeit anzustimmen, bevor er den Ort mit einem Liter Heckel-Bier verlässt. »Zum Mittagessen morgen«, meint er. Der Gast blickt ihm nach und hofft, dass er nie sterben wird und immer hier auf seinem Platz sitzt, wenn er die Stube betritt. Ein Nichtortsansässiger bestellt einen zweiten Schnitt, der ihm höflich versagt wird. Tradition in der Heckel-Bräu. Nach einiger Zeit verlässt der Fremde glücklich das Haus – zurück in die Realität.

In dieser Gaststube scheint die Zeit stillzustehen. Alles ist noch so, wie es vor Jahrzehnten gewesen ist. Man hat das Gefühl, sich am Nektar einer Blume zu laben, die es nur noch hier zu bestaunen gibt. Möge der sie nährende Dünger nie verloren gehen!

Adresse Vorstadt 3, 91344 Waischenfeld | **ÖPNV** ab Bayreuth (Goethestraße) Regionalbus 375, Haltestelle Waischenfeld Plärrer | **Anfahrt** über B 470, Abzweigung bei Pottenstein oder bei Muggendorf, den Straßenschildern folgen, in der Ortsmitte (links der Wiesent) rechts | **Öffnungszeiten** Mo–Fr 16.30–22 Uhr, Sa, So 9–13 Uhr und 16.30–22 Uhr | **Tipp** Steigen Sie hinauf zum Aussichtspunkt im Buchbergwald – Zugang über die Straße Buchberg.

94 Die Pulvermühle
Das Treffen der Gruppe 47

»Muss man bei der Gruppe 47 auch singen, oder reicht es, nackt vorzulesen?«, fragte Arno Schmidt frech – und wurde prompt nicht eingeladen. Aus heutiger Sicht einer der Irrtümer dieses an Irrtümern wie Anregungen reichen Lese- und Debattierclubs, in dem Literaturgeschichte geschrieben wurde und alles vertreten war, was Rang und Namen hatte: Böll, Grass, Walser, Enzensberger, Handke, die Bachmann, Celan, Heißenbüttel, die Kritiker Reich-Ranicki, Joachim Kaiser, Fritz J. Raddatz und, und, und. Nur eben Arno Schmidt nicht, dabei wäre das sicher lustig geworden.

Dem Bargfelder, von dem das Wort stammt »Die Welt ist groß genug, dass alle darin Unrecht haben können«, hätte es sicher gefallen in der idyllisch gelegenen Pulvermühle. Und Zündstoff in die stets hochexplosiven Runden hätte er sicher auch gebracht. (Der Genius Loci hätte ein Übriges getan: Tatsächlich war ja in der Pulvermühle ursprünglich Pulver gemahlen worden, bis sie dann 1806 eben deswegen in die Luft flog.)

Andererseits: Pulvermühle, 1967, das war schon so eine Art Schwanengesang der 1947 von Hans Werner Richter gegründeten Gruppe. Die Studentenunruhen sind auf dem Höhepunkt, und auch die prominenten Autoren sehen sich damit konfrontiert. Eine Gruppe Studenten fordert eine politischere Haltung, was bei den Schriftstellern zu einer heftigen Kontroverse führt. Carl Amery schreit die Studenten an, weil sie Obstbäume anzünden, Reinhard Lettau steigt auf einen Stuhl und hält eine antikapitalistische Rede, Günter Eich versöhnt die Lager mit einer Lesung aus den »Maulwürfen« und bleibt, weil es ihm so gut gefällt, eine Woche länger. Tagsüber durchstreift er mit Wirt Kaspar Bezold die Gegend, nachts spielt er mit ihm Schach.

Zehn Jahre später, Treffen hatten kaum noch stattgefunden, das Ende im schwäbischen Saulgau. Die Gruppe 47 löst sich auf. Die Literatur verliert ihr bestes Podium.

Adresse Pulvermühle 35, 91344 Waischenfeld | **ÖPNV** Bus 343, der Bier-, Brotzeit- und Burgen-Express | **Anfahrt** A 9, Ausfahrt Trockau/Waischenfeld | **Öffnungszeiten** nur von außen zu besichtigen | **Tipp** Dazu passt der Besuch der St. Annakapelle in Waischenfeld, einem spätgotischen Beinhaus. Die Geschichte der Gruppe 47 wird dagegen in den Tagebüchern von Hans Werner Richter noch mal lebendig.

95 Der Kajak-Einstieg
Mit der Wiesent auf Tuchfühlung

Die Wiesent ist der zentrale Fluss der Fränkischen Schweiz und gewissermaßen Paradigma der ganzen Gegend. Aus drei Gründen. Erstens: Sie ist eigenwillig, denn sie durchbricht ihre Geradlinigkeit durch manch überraschenden Kurswechsel. Zweitens: Sie ist schön. Drittens: Sie ist wild, aber nicht zu sehr. Alles zusammen macht sie zu einem idealen Fluss für Kajak- und Kanufahrten, insbesondere im Bereich ihres extremsten Kurswechsels zwischen Doos und Muggendorf (siehe Seite 214).

Ab Doos fließt sie zunächst nach Südost und wendet sich dann zu Füßen von Gößweinstein nach Nordwest. Möglicherweise war der eigentliche Grund für die Errichtung der dortigen Dreifaltigkeitskirche (siehe Seite 132), dass man dachte, wenn dieser Landschaftspunkt einen Fluss bekehren kann, dann die Menschheit erst recht.

Wie auch immer. Diese Wiesent-Wende ist reizvoll und aus Bootsperspektive am allermeisten. Für die Königstour lassen Sie sich von einem Bootsverleih-Unternehmen nach Doos bringen. Kajak oder Kanu und eine Einweisung bekommen Sie vor Ort. Für die 14 Kilometer nach Muggendorf brauchen Sie rund fünf Stunden. Wem das zu lang ist, der steigt erst in Behringersmühle bei Gößweinstein ein und genießt die zweite Tourhälfte bis Muggendorf. Weitere Einstiegspunkte zu Zwei- bis-Drei-Stunden-Fahrten gibt es in Muggendorf selbst sowie in Pulvermühle bei Waischenfeld. Zu allen Ein- und Ausstiegsstellen bieten verschiedene Bootsverleiher Bring- und Holservice. Etwas Kajakerfahrung ist bei allen Touren sinnvoll, denn – wie gesagt – die Wiesent ist ein bisschen wild.

Allen, die es eher beschaulich lieben, sei der Bootsverleihplatz »Leinen los« bei der Stempfermühle empfohlen. Hier kann man auf einem strömungsarmen Stück Wiesent völlig gefahrlos mit Ruder- oder Paddelboot herumcruisen und danach bei Eis und Limo im Liegestuhl vom Ufergarten aus aufs grüne Wasser schauen.

Adresse Doos, 91344 Waischenfeld-Doos; Bootsverleiher siehe www.aktiv-reisen.com, www.kajak-mietservice.de und www.leinen-los.de | **ÖPNV** ab Ebermannstadt (Bahnhof) Regionalbus 389, Haltestelle Muggendorf Forchheimer Straße; in Muggendorf startet Bootsverleiher »Aktiv-Reisen« | **Anfahrt** B 470, Abzweigung bei Gößweinstein Richtung Waischenfeld, der Straßenbeschilderung »Doos« folgen | **Öffnungszeiten** die Wiesent darf von Mai–Sept. befahren werden, täglich von 9–17 Uhr beziehungsweise 18 Uhr | **Tipp** Wandern Sie zum Café und Restaurant Kuchenmühle (www.kuchenmühle.de) im Aufseßtal, 30 Minuten Fußweg (Main-Donau-Weg Richtung Norden).

96 — Die Riesenburg
Gipfel der Romantik

Gütesiegel des Bayerischen Umweltministeriums. Welche Burg kann damit aufwarten? Die Riesenburg kann es, denn sie ist gar keine Burg, sondern eine Höhle, und das Gütesiegel weist sie als eines der schönsten Geotope Bayerns aus. Dabei ist sie eigentlich etwas Kaputtgegangenes, das Ergebnis eines Einsturzes, eine »Versturzhöhle«, wie man fachmännisch sagt. Kurz, der Gipfel der Romantik: Höhle und Ruine in einem.

Wie es so etwas gibt? Eigentlich ganz einfach. Erst rieselte Regenwasser in die Felsenritzen. Weil Regen immer ein wenig Säure enthält, löste sich der Kalk des Gesteins – man kennt das vom Putzen –, und es bildete sich nach und nach eine formidable Höhle, die sich sukzessive, aber gleich wieder mit lehmigem Schlamm füllte. Dann grub sich die Wiesent tiefer in ihr Bett, erreichte die Höhle, spülte den Lehm hinaus, das übrig bleibende Gestein war zu schwach, das Gebilde zu halten, und so stürzte die Höhle in sich zusammen.

Was die Sache so bemerkenswert macht, ist, dass Teile des ehemaligen Höhlendachs die Katastrophe überlebten, darunter drei komplette Bögen. Über einen kann man sogar spazieren. Auf den sonstigen Dachstummeln, den sogenannten Balmen, bildeten sich einzigartige Pflanzenlebensgemeinschaften, die »Balmenfluren«.

Diese wildromantische Szenerie wurde natürlich schon in der Epoche der Romantik als solche erkannt. Berühmte Naturforscher, Schriftsteller und Maler reisten ins Wiesenttal, um die »grausenvollen Gewölbe« mit eigenen Augen zu sehen. 1828 kaufte der Rabenstein-Besitzer Franz Erwein Graf von Schönborn-Wiesentheid (siehe Seite 10) die Riesenburg, ließ Wege und Treppen anlegen und die kahlen Hänge aufforsten, um die Wirkung des Felsgebildes noch zu erhöhen. Warum? Zur Freude von König Ludwig I., der für 1830 seinen Besuch angekündigt hatte und in Sachen Höhlenbegeisterung seinem Enkel Ludwig II. offenbar in nichts nachstand.

Adresse südlich von 91344 Waischenfeld-Doos am rechten Hang des Wiesenttals | **Anfahrt** B 470, bei Behringersmühle Staatsstraße 2191 Richtung Doos, nach rund vier Kilometern Parkbucht mit Beschilderung, von hier führt ein Weg mit 280 Steinstufen hangaufwärts durch die Höhle | **Tipp** Vom Wiesenttal zum Wiesenttal: Diese schöne Wanderung führt von der Höhle über den historischen Brunnweg nach Engelhardsberg, weiter zum Aussichtspunkt Adlerstein und an den Höhlen Quackenschloss und Oswaldhöhle vorbei nach Muggendorf (Markierung »gelber Ring« und »roter Senkrechtstrich«).

97 — Die barocke Wallfahrtskapelle Kappl

Die Dreifaltigkeit, eine runde Sache

So schön sieht man das selten: Gottvater, Sohn und Heiliger Geist, einträchtig beisammen, auch architektonisch. Drei Türme, drei Dächer, drei Altäre. Darunter ein kreisrunder Mauerring, der die Dreifaltigkeit baulich zusammenhält, alles in blendendem Weiß. Zu sehen auf dem 628 Meter hohen Glasberg bei Münchenreuth, umgeben von Wald, Wiesen und Feldern, unweit der Grenze zu Tschechien und von Waldsassen aus bequem in einer Stunde zu Fuß zu erreichen. Neben der Kapelle gibt es ein Wirtshaus zum Einkehren. Ein echter Wallfahrtsort eben.

In die Landschaft gezaubert hat das anmutige Kirchlein am Berg, die (oder das) Kappl (oder Kappel), Georg Dientzenhofer (1646–1689), der Zweitälteste aus der Architektenfamilie der Dientzenhofers, der auch schon an der Klosteranlage in Waldsassen entscheidend beteiligt gewesen war. Vier Jahre, von 1685 bis 1689, bauten er und seine Leute am Kappl beziehungsweise an seiner Vorläuferkapelle. Dann war das Mittelgewölbe eingezogen, und die Mauern des Vorgängers konnten abgebrochen werden. Freilich dauerte es noch bis 1711, eh die neue Rundkirche vom Regensburger Weihbischof dann ihrer Bestimmung übergeben wurde.

Das Deckenfresko stammt vom Amorbacher Maler Oskar Martin. Es entstand zwischen 1934 und 1940, nachdem ein Brand 1880 die alte Deckenmalerei vernichtet hatte. In drei Einzelansichten zeigt es Gottvater, Sohn und Heiligen Geist, Letzteren bei der Vergabe der leiblichen und geistigen Werke der Barmherzigkeit an die Menschen. Wie schon dem Baumeister gelang auch dem Maler eine harmonisch eindrucksvolle Darstellung der Trinität. Ihre einmalige Gesamtwirkung jedoch bezieht die Kappl aus der Synthese von innen und außen, von Glaube und weltlicher Darstellung. Nicht zuletzt auf Luftbildern entwickelt sie ihren bezwingenden Charme.

Adresse Münchenreuth 34, 95652 Waldsassen | **Anfahrt** in Waldsassen in Richtung Eger fahren, dann dem Hinweisschild »Kappl« folgen (Fahrzeit fünf Minuten) | **Öffnungszeiten** im Winter von Sonnenauf- bis -untergang, im Sommer 8–18 Uhr | **Tipp** Ein Ausflug ins benachbarte Cheb (Eger) ist allemal empfehlenswert.

WALDSASSEN

98 Die Stiftsbibliothek
Wo man Dummheit und Ignoranz in die Augen schauen kann

Wird es das künftig überhaupt noch geben? In einer audiovisuellen, kindlegeprägten Zukunft? Diese Wallfahrten in die Welt des Wissens, der Gedanken, der Bücher? Das andächtige Staunen, wenn man sie betritt und in Filzpantoffeln über den Parkettboden gleitet, den Blick auf die bis zur Decke reichenden Regale gerichtet? Oder ist Kindle irgendwann, was früher die Bibliotheken waren? Aber wohin wird man fahren, wenn man alles daheim auf dem Bildschirm hat? Gehören dann Ausflüge wie der in die Stiftsbibliothek Waldsassen der Vergangenheit an?

Noch kommen jedes Jahr 100.000 Besucher, um den bibliophilen Schatz in der Zisterzienserabtei zu bewundern. Besondere Attraktion: die zehn lebensgroßen, von Karl Stilp zwischen 1724 und 1726 geschnitzten Holzfiguren, die menschliche Laster im Umgang mit Wissen und Gelehrsamkeit verkörpern. So der arrogante Besserwisser, der Intrigant, der Aufschneider oder der Ignorant.

Besonders kunstvoll ist der Heuchler mit dem Vogel der Selbsterkenntnis gelungen. Er steckt in einem geistlichen Gewand, aus dem die mit Fell bekleideten Beine und Füße hervorragen. Seine Hände sind vor dem Körper gefesselt, auf dem Kopf sitzt eine Art Storch, der ihn mit seinem langen Schnabel in die Nase zwickt. Sein Motto »Erkenne dich selbst!« führt er auf eindrucksvolle Weise ad absurdum.

Sehenswert auch die Deckenfresken mit Szenen aus dem Leben des Bernhard von Clairvaux, dem Ordensheiligen der Zisterzienser. Der Buchbestand hat dagegen nach dem vorübergehenden Aus 1803 zur Zeit der Säkularisation nur noch marginale Bedeutung.

Gleich neben der Bibliothek die barocke Stiftsbasilika. Sie entstand zwischen 1689 und 1704 und ist ein Gemeinschaftswerk böhmischer, bayerischer und italienischer Künstler. Mit ihrem einladenden Ambiente und dem reich verzierten Chorgestühl ist sie ein idealer Ort für Orgelkonzerte.

Adresse Basilikaplatz 2, 95652 Waldsassen | **ÖPNV** Bahnhof Marktredwitz, dann Anrufbus bei Christian Maischl, Tel. 09638/9111-0 | **Anfahrt** A 9, Ausfahrt Bad Berneck (Marktredwitz-Konnersreuth) | **Öffnungszeiten** Bibliothek Di–So 11–16 Uhr; Basilika Mo–So ganztägig, bei Gottesdiensten ist eine Besichtigung nicht möglich. | **Tipp** Nehmen Sie eine Auszeit im neuen Gästehaus St. Joseph (www.haus-sankt-joseph.de). Hier finden Sie sehr ansprechende, modern eingerichtete Zimmer.

WEILERSBACH-REIFENBERG

99 _ Der Bierkeller
Der Schönste im ganzen Land

In der Fränkischen Schweiz geht man nicht in den Keller, sondern auf den Keller. Denn der Keller befindet sich meist in einem Berg, dort lagert das Bier, und darüber, also auf dem Keller, trinkt man es. Weil der Keller im Berg ist, sitzt man auf dem Keller zugleich auf dem Berg oder wenigstens am Berghang. »Auf dem Keller« ist also fast immer ein Ort mit Aussicht. So weit kein Zweifel. Die eigentliche Frage ist: Welcher Keller ist der schönste?

Für manche ist es der Pretzfelder, weil man sich auf dem dortigen »Kirschenweg« den rechten Hunger und Durst holen kann. Für andere ist es der Senftenberger, weil man die gute Brotzeit und das gute Bier dort auch im Winter bekommt, in einer Blockhütte. Für wieder andere ist das eigentliche Keller-Mekka der Kreuzberg bei Hallerndorf. Rund um die Wallfahrtskapelle zum Heiligen Kreuz gibt es nämlich gleich drei, den Friedels-Keller, den Rittmayer-Keller und den Lieberth-Keller. Am Fest Kreuzerhöhung, kurz »Kreuzbergfest«, das alljährlich am ersten Maiwochenende stattfindet, geht dort Geistliches mit Weltlichem eine gelungene Allianz ein, sprich Wallfahrt verbindet sich mit Biergenuss. Zu Letzterem laden am Rückweg dann auch noch der Roppelts-Keller bei Stiebarlimbach ein, die Kellerwaldschänke Lunz in Willersdorf, der Rittmayer-Gartenkeller am Ortsrand von Hallerndorf Richtung Schnaid, der Lieberth-Dorfkeller in der Kreuzbergstraße am Ufer der Aisch und der Witzgall-Sommerkeller am Ortsrand von Schlammersdorf Richtung Pautzfeld.

Aber: An einem beschaulichen Sommerabend, an dem gar nichts ist, außer dass es warm ist und die Sonne spät untergeht, sollte man auf dem Reifenberger Keller sitzen, direkt unterhalb der Vexierkapelle, im Wiesenttal von überall her zu sehen, jedoch immer wieder anders, weswegen sie so heißt.

Da sitzt man dann und schaut mit der Sonne weit ins Land. Und alles ist gut.

Adresse Reifenberg 20, 91365 Weilersbach-Reifenberg | **ÖPNV** ab Ebermannstadt (Bahnhof) Regionalbus 236, Haltestelle Abzweigung Reifenberg, 30 Minuten Fußweg | **Anfahrt** B 470 Forchheim Richtung Ebermannstadt, Straßenschildern nach Reifenberg und zur Vexierkapelle St. Nikolaus folgen, dort am Wanderparkplatz parken; von hier 200 Meter zu Fuß bergab | **Öffnungszeiten** Mo–Fr ab 16 Uhr, Sa, So und Feiertage ab 14 Uhr; freitags gibt es neben den üblichen Brotzeiten auch Heringe und Makrelen | **Tipp** Von der Vexierkapelle St. Nikolaus hat man eine ungewöhnliche Aussicht aufs Walberla (siehe Seite 146). Der Klassiker-Wanderweg durch die Fränkische, der 56 Kilometer lange Leo-Jobst-Wanderweg von Forchheim nach Pegnitz, führt hier vorbei.

100 Der rätselhafte Radfahrer

Lebensgroße Puppe mitten im Magerrasental

Lassen Sie Ihr Auto auf dem Parkplatz nördlich von Kleinziegenfeld stehen und spazieren Sie auf dem Pfad den Hang hinauf. Halten Sie sich immer rechts.

Nach wenigen Schritten eröffnet sich Ihnen ein selten schönes Magerrasental mit Wacholder, Thymianduft und kleinen Felsen, zwischen denen im Frühjahr die Küchenschelle sprießt. Richten Sie Ihren Blick aber auch nach oben, denn nun taucht vor Ihnen ein großer Felsblock auf, und auf dem steht – nein, keine Föhre, kein Fahnenmast, sondern ein Radfahrer. Um es gleich vorwegzunehmen: Er heißt Claudius.

Er steht dort seit über 100 Jahren, woraus Sie schließen können, dass es eine Puppe ist. Sie ist aber bestens gepflegt. Alljährlich im Mai wird sie von den ortsansässigen Naturfreunden begutachtet und bei Bedarf ins Dorf geholt, verarztet, mit Schlapphut, Trachtenjanker und Lederhose frisch eingekleidet und mit neuer Franken-Fahne versehen. Denn eine solche hält sie in der Hand. Dann darf Claudius wieder auf sein Fahrrad auf dem Felsen.

Den Wanderern im Tal gibt der Radfahrer natürlich Anlass zu allerlei Phantasiegespinsten. Es ist das Denkmal für einen verliebten jungen Mann, so eine Theorie, der seiner Angebeteten per Fahrrad einen Apollofalter fangen wollte und in seiner Tollkühnheit vom Felsen stürzte. Es war ein Radfahrer, der fröhlich über Stock und Stein fuhr, als plötzlich die Erde aufriss und sich das Tal bildete, über das er nun immer noch ratlos hinwegblickt – so eine andere.

Für die Dorfbewohner ist es einfach der Claudius und natürlich ihr Wahrzeichen. Auf den Felsen gestellt haben ihn wahrscheinlich einige Studenten, die übers Wochenende bei ihrem Prof zu Gast waren, und der hatte wohl ein altes Hochrad im Schuppen … Vielleicht war unter ihnen ein angehender Spielzeughersteller. Der heilige Claudius ist nämlich Schutzpatron der Spielwarenfabrikanten. Aber das ist nur eine (neue) Theorie …

Adresse St 2191, 96260 Weismain-Kleinziegenfeld | **Anfahrt** über A 70, Ausfahrt Stadelhofen, Richtung Weismain, den Straßenschildern folgen | **Tipp** Schöne Wacholderhänge findet man nördlich und nordöstlich von Kleinziegenfeld, außerdem einige Kilometer weiter Richtung Weismain unterhalb von Wallersberg.

WIESENTTAL-BIRKENREUTH

101 — Die Osterkrippe
Spezialität im Reigen der Osterbrunnen

Wer »Fränkische Schweiz« hört und »Ostern«, der sagt sofort »Osterbrunnen«. In mindestens 50 Orten kann man in der Vor- und Nachosterzeit mindestens 50 verschiedene dieser Schmuckstücke bewundern. Busunternehmen haben sich auf Osterbrunnenfahrten spezialisiert, Internetseiten laden ein, sich über eine digitale Map seine persönliche Osterbrunnentour zusammenzustellen. Es gibt den schönsten (welcher, ist umstritten), den größten der Welt (in Bieberbach, mit laut Guinnessbuch 11.108 handbemalten Eiern) und den ältesten.

Der älteste befindet sich in Engelhardsberg und ist ein stolzer 100-Jähriger. Eigentlich sind es gleich drei. 1913 wurde von der Quelle im Wiesenttal in das hochgelegene Dorf eine Wasserleitung gebaut. Das Nass musste nun nicht mehr in Holzfässern den Berg hinaufgetragen oder -gekarrt werden, sondern sprudelte aus drei Ortsbrunnen. Das freute die Bewohner so sehr, dass sie diese Brunnen mit bunten Bändern schmückten. Weil Osterschmuck ohnehin schon üblich war, verschmolz nun die nachwinterliche Brunnenreinigung und -schmückung mit dem Osterschmuck zum Osterbrunnen.

Die Spezialität findet man in Birkenreuth. Bevor hier Anfang des 20. Jahrhunderts eine Wasserleitung gelegt wurde, gab es einen 65 Meter tiefen Brunnen. 1796 wurde er gegraben, und zwar mit der Hand – beziehungsweise mit vielen Händen. Um das Bauwerk zu schützen, errichtete man ein Brunnenhaus mit Turm. Dieses ist das ganze Jahr über sehenswert, speziell aber in der Osterzeit, denn dann ist es rundum geschmückt, besonders im Inneren, denn dort steht die Osterkrippe. Eine Szenerie mit 90 Figuren stellt das gesamte Ostergeschehen dar. 1997 wurde die Krippe von Gisela Richter entworfen und mit Hilfe ihres Ehemannes Christoph Richter gebaut. Alljährlich wird sie ab Palmsonntag von drei einheimischen Frauen liebevoll aufgestellt. Eine Sehensnotwendigkeit.

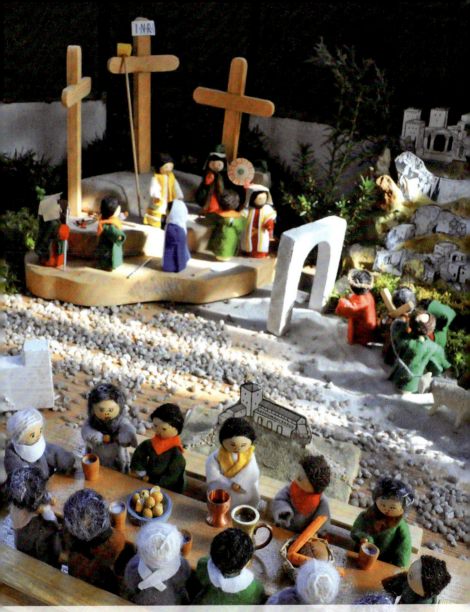

Adresse mitten in Birkenreuth, 91346 Wiesenttal-Birkenreuth | **ÖPNV** ab Ebermannstadt (Breitenbacher Straße) Regionalbus 234, Haltestelle Birkenreuth | **Anfahrt** B 470, Abzweigung Ebermannstadt oder Muggendorf, den Straßenschildern folgen | **Öffnungszeiten** Brunnenhaus ist immer offen, Osterkrippe von Palmsamstag bis 14 Tage nach Ostern | **Tipp** Ganz in der Nähe, in Kanndorf, befindet sich der Golf-Club Fränkische Schweiz, www.gc-fs.de.

102 Hubert Hunsteins Schmiede

Filigrane Arbeit im Rhythmus des Tangos

Ist eine Schmiede ein Ort zum Wohlfühlen? In der Regel wohl nicht. In Ausnahmen schon. Eine dieser Ausnahmen ist die Schmiede von Hubert Hunstein. Sie sieht aus, wie Schmieden heute nicht mehr aussehen. Sie sieht aus, wie jemand eine Schmiede vielleicht malen würde. Nur würde der sicherlich die Rose in der PET-Flasche vergessen, den alten Wand-Telefonapparat, den selbst gemauerten Kamin mit in Stein gemeißelten Geckos auf einem der Absätze – und den Lautsprecher, aus dem Tangomusik erklingt. Der Schmied nämlich, Hubert Hunstein, der so groß und stark geworden ist, wie er es sich als Junge immer gewünscht hatte, ist ein Liebhaber des Tangos und möchte unbedingt irgendwann einmal in seiner Schmiede einen Tanzabend veranstalten. Doch dies nur nebenbei.

Als Schmied hat er einen unheimlichen Drang, Eisen zu verbiegen, wie er sagt, er kann es nicht gerade sehen. Das macht jeder Schmied, könnte man einwenden, man denke nur an das Hufeisen. Doch ein Hufeisen ist nichts gegen das, was Hubert Hunstein mit Eisen anstellt. Ein Treppengeländer von ihm gleicht einem improvisierten Geflecht von Weinstockranken. Ein Zaun lässt an Wicken denken, die sich um Stützpfeiler und ineinandergezwirbelt haben und manch frechen Trieb einfach in die Luft schießen. Und ein Rosenbogen ist heimlich ein Frauenakt – doch das weiß niemand, der es nicht weiß, nicht einmal die Kundin, in deren Garten der Bogen steht.

Hubert Hunstein schießt auch manchmal frech in die Luft und schafft Dinge, die zu nichts taugen, außer zum Sichfreuen oder Nachdenken oder Schmunzeln: ein Paar, das sich verschlungen im Walzer dreht – und zwar wirklich dreht. Oder einen Drachen, der im Regen steht, weil er im feurigen Überschwang seinen Schirm abgefackelt hat. Dass dieser Schmied auch ein Künstler ist, scheint sich allmählich herumzusprechen. Neuerdings findet der ein oder andere Galerist den Weg nach Haag.

Adresse Haag 1, 91346 Wiesenttal-Haag, www.feuerundfunkenflug.de | **ÖPNV** ab Ebermannstadt (Bahnhof) Regionalbus 389, Haltestelle Streitberg B 470 (im Sommer So mit der Dampfbahn, siehe Seite 114), von hier circa 30 Minuten Fußweg (ab Freibad Markierung »roter Ring«) | **Anfahrt** über B 470 nach Streitberg, auf der Strecke Richtung Muggendorf Abzweigung rechts nach Haag, Wiesent überqueren und weiter bis zum Weiler | **Öffnungszeiten** nach Anmeldung | **Tipp** Machen Sie einen Abstecher zur Neideckgrotte. Beschilderung am Wanderweg zur Burgruine Neideck folgen.

103 Der Goldne Stern
Oder die Begegnung von Goethe mit Jean Paul

Die »Fränkische Schweiz« gibt es seit 1807 – als der Erlanger Gelehrte Johann Christian Fick sie in einem Reisebericht so nannte. Und bevor Tieck und Wackenroder 1793 den Landschaftsstrich romantisierten (siehe Seite 50), interessierte die Gegend eigentlich niemanden. Nur ein einziger Ort, Muggendorf, erregte Aufmerksamkeit, und zwar gleich internationale. Die Gegend nordöstlich des Wiesent-Dorfs strotzt nämlich von Höhlen, und in denen entdeckten Höhlenforscher Ende des 18. Jahrhunderts Knochen und Zähne von eiszeitlichen Tieren, unter anderem von Höhlenbären. Die ersten Funde lockten Wissenschaftler aus aller Welt ins »Muggendorfer Gebirg« – so nannte man bald das Forschungsgebiet –, und diese entdeckten neben weiteren Knochen auch die oberirdischen Reize der Umgebung. Muggendorf wurde zum Sommerfrischeort. Und mit ihm das Nachbardorf Streitberg (siehe Seite 220). Bald reisten Maler, Komponisten und Dichter an, um hier Erholung und Inspiration zu finden, unter ihnen Carl Spitzweg, Richard Wagner – und Jean Paul gemeinsam mit Goethe.

Was hier so leicht dahingeschrieben ist, muss einen Goethe-Kenner mehr als verwundern. Der Weimarer nämlich hatte für den Bayreuther nicht mehr als abschätzige Bemerkungen übrig. Dass er ihn als Reisegefährten duldete, ist mehr als unwahrscheinlich. Doch es gibt einen Beweis: Die Namen beider Geistesgrößen stehen im Gästebuch des Muggendorfer Traditionshotels »Goldner Stern« fein säuberlich untereinander, ohne Datum zwar, aber vor einem Eintrag am 22. Mai 1821.

Nun gibt es drei Möglichkeiten: Entweder ein Schalk hat beide Unterschriften gefälscht. Oder Jean Paul war allein da und wollte Goethe ärgern (dies hält man für naheliegender als umgekehrt). Oder die beiden waren zufällig gleichzeitig da und konnten sich beim gemeinsamen Schmaus plötzlich doch recht gut leiden. An der Beantwortung der Frage wird geforscht …

Adresse Hotel Goldner Stern, Marktplatz 6, 91346 Wiesenttal-Muggendorf, www.goldner-stern.de | **ÖPNV** ab Ebermannstadt (Bahnhof) Regionalbus 389, Haltestelle Muggendorf, Forchheimer Straße; an Wochenenden auch mit der Dampfbahn (siehe Seite 114) | **Anfahrt** über A 73, Ausfahrt Buttenheim, dann B 470 über Ebermannstadt und Streitberg, den Straßenschildern folgen | **Tipp** Eine Kopie des Gästebuch-Eintrags ist im Schaukasten des »Goldnen Stern« zu sehen. Im ehemaligen Bahnhof von Muggendorf gibt es das Info-Zentrum »Naturpark Fränkische Schweiz«, das unter anderem die Höhlenforschung dokumentiert. Der Höhlenrundwanderweg »Über und unter der Erde« führt mitten durch die schönsten Höhlen, siehe www.muggendorf.de.

104 — Das Stammlokal von Anthony Quinn

Eine Liebesgeschichte

Anthony Quinn war Alexis Sorbas und – in »La Strada« – der große Zampano. Er spielte in 111 (!) Filmen Haupt- oder Nebenrollen, war zugleich Maler, Bildhauer und Schmuckdesigner und hatte zwölf Kinder von fünf Frauen, die beiden letzten mit seiner dritten, 47 Jahre jüngeren Ehefrau Kathy, geboren in seinem letzten Lebensjahrzehnt – er starb mit 86. Fünf Jahre vor seinem Tod verliebte er sich noch einmal. Diesmal nicht in eine Frau, sondern in eine Landschaft: die Fränkische Schweiz.

Bei den Dreharbeiten zu seinem drittletzten Film – dem US-Thriller »Seven Servants« – sollte er ihr begegnen. Die Dreharbeiten fanden bei Schloss Thurn südlich von Forchheim statt, Anthony Quinn logierte und aß regelmäßig im Hotel Feiler in Wiesenttal-Muggendorf. Und Hotelier Horst Feiler, der jedes Blümchen rund um Muggendorf kannte und gemeinsam mit seinem Schwiegersohn und Koch Klaus Feiler gerade die legendäre Feiler-Wildkräuterküche erfunden hatte, wurde bald sein Freund. Der Gastronom räumte seinen privaten Bungalow bei Bärnfels nahe Obertrubach und sagte dem lieb gewonnenen Gast, er solle dort mit seiner Familie wohnen, bis die Dreharbeiten beendet seien. War es die Feiler'sche Gastfreundschaft, oder war es die fränkische Landschaft an sich – jedenfalls äußerte Anthony Quinn irgendwann den viel zitierten Satz: »This is not a landscape, this is a garden.«

Er war so verzaubert von der Gegend, dass er sich in Bärnfels ein Haus für seinen Lebensabend ausmalte. Leider wurde daraus nichts. Keiner der ansässigen Bauern wollte ihm ein Grundstück verkaufen, so heißt es, weil alle fürchteten, der Filmstar könne zu viel Rummel anziehen. Anthony Quinn blieb Horst Feiler und Muggendorf dennoch treu und besuchte das Hotel und die Gegend immer wieder – bis zu seinem Tod im Jahr 2001.

Adresse Oberer Markt 4, 91346 Wiesenttal-Muggendorf, www.hotel-feiler.de | **ÖPNV** ab Ebermannstadt (Bahnhof) Regionalbus 389, Haltestelle Muggendorf, Forchheimer Straße; an Wochenenden auch mit der Dampfbahn (siehe Seite 114) | **Anfahrt** über A 73, Ausfahrt Buttenheim, dann B 470 über Ebermannstadt und Streitberg, den Straßenschildern folgen | **Tipp** Besuchen Sie den Freizeitpark Schloss Thurn (Schlossplatz 4, 91336 Heroldsbach), siehe auch www.schloss-thurn.de.

105 Die Burgruine Neideck

Hier wurde (romantische) Geschichte geschrieben

»Solche Ruinen sind immer äußerst ehrwürdig, für die Phantasie hat das Mittelalter sehr viel Anziehendes, und der Verstand findet es immer kräftiger (…) als unser schales Jahrhundert.« Zu diesem epochemachenden Satz wurde der Frühromantiker Ludwig Tieck von der bis dahin wenig beachteten Ruine Neideck inspiriert. Er und sein Kommilitone Wackenroder hatten seit Erlangen gerade mal ein paar Stunden Ritts hinter sich gebracht, da erblickten sie hoch über dem Wiesenttal zwei Burgen, links die damals noch erhaltene Streitburg, rechts die bereits ruinöse Neideck. Letztere zog sie magisch an. Noch bevor sie zum Forellenschmaus einkehren, erklimmen sie den Ruinenberg, entwickeln auf dem Weg ihre romantische Ruinen- und Mittelaltertheorie und entdecken schließlich oben angelangt nicht nur »die köstliche Aussicht über die ganze Gegend hin«, sondern auch, dass der Blick durch ein Fenster »das schönste Gemälde« macht.

Lassen wir die zwei die »trefflichen Forellen« genießen, begleitet vom Rauschen der Bäume und Klappern der Mühlen, wie Tieck noch ganz unklischeehaft bemerkt, und beschäftigen uns ein wenig näher mit der Ruine. Die Aussicht wurde bereits erwähnt, und da es sowieso unmöglich ist, »durch Worte in einem andern die getreue Darstellung einer Gegend mitzuteilen, wie man sie beim eigenen Anblick (…) hat« (Wackenroder), bleiben wir bei den mittelalterlichen Fakten.

Die Neideck war Schauplatz der großen Machtkämpfe der Fränkischen Schweiz. Der mächtige Adelige Konrad II. von Schlüsselberg baute sie ab 1312 zu einer riesigen Festung aus. 1347 töteten ihn die Nürnberger Burggrafen, und die Burg fiel an die Bamberger Fürstbischöfe. Die wiederum verloren sie 1553 an die Mannen des Kulmbacher Markgrafen Alcibiades. Und die wussten nichts Besseres als sie abzubrennen. Ob das alles romantisch ist? Die Ruine jedenfalls ist es, und berühmt dazu.

Adresse oberhalb der Straße Am Freibad, 91346 Wiesenttal-Streitberg, www.neideck.de | **ÖPNV** ab Ebermannstadt (Bahnhof) Regionalbus 389, Haltestelle Streitberg B 470 (im Sommer sonntags mit der Dampfbahn, siehe Seite 114) | **Anfahrt** über B 470 nach Streitberg, Wiesent überqueren Richtung Freibad, dort parken, von hier 20 Minuten Fußaufstieg | **Tipp** Seit 2008 ist es möglich, den wieder errichteten »Wohnturm« zu besteigen. Zeitgleich wurde auf dem Neideck-Gelände der »Archäologische Park« eröffnet, der anhand der Burg Neideck die historische Entwicklung der Burgentypen in Mitteleuropa dokumentiert.

106 Der geologische Erlebnispfad
All-inclusive

Warum heißt die Binghöhle Binghöhle? Weil es Bing macht, wenn man mit dem Kopf gegen einen Stalaktiten stößt? Nein. Weil ein Nürnberger Industrieller und Hobby-Archäologe namens Ignaz Bing sie entdeckt hat. Im Jahr 1905.

Seine Entdeckung sorgte landesweit für Schlagzeilen, denn er hatte die bis dato längste Tropfsteingalerie Deutschlands ausfindig gemacht. Bis heute wurde keine längere gefunden. Bing war Jude, und deswegen musste die Binghöhle in der Zeit des Nationalsozialismus Streitberger Höhle heißen. Die Binghöhle befindet sich nämlich direkt oberhalb von Streitberg, ist vorbildlich zur Schauhöhle ausgebaut und gilt als einer der großartigsten Punkte dieses Wiesent-Ortes. Neben der Ruine Streitburg, neben dem Langenstein, neben der Wedenbachklamm, neben der Muschelquelle, neben dem Alten Kurhaus und der Historischen Pilgerstube. Scheint nicht ganz einfach zu sein? Doch, ist es durchaus. Es gibt in Streitberg nämlich den geologischen Erlebnispfad, und wenn man den gesehen hat, hat man alles gesehen.

3,6 bergige Kilometer ist er lang und beginnt am Parkplatz Schauertal. Zunächst führt er zum Wahrzeichen des Tals, dem »Langenstein«, einem hochaufragenden Schwammriff-Felsturm. Von dort zur Binghöhle, die keinesfalls unbesichtigt bleiben darf, dann zur Wedenbachklamm mit Wasserfall, Kalktuffterrassen und einem maroden Wasserrad, das an die ehemalige Wedenmühle erinnert. Dann hinauf zur Streitburg, von der heute weit weniger übrig ist als von der Neideck (siehe Seite 218), die aber einen phantastischen Blick auf Streitberg bietet. Dann hinunter und gen Ost zur Muschelquelle mit Wasserspielplatz, Felskulisse und Aussicht ins Wiesenttal. Dann wieder zurück in den Ort zum Alten Kurhaus und der Historischen Pilgerstube, welche den ehemaligen Kurort Streitberg repräsentieren. Und schließlich über den Dorfplatz zurück zum Parkplatz. Fertig.

Adresse Start auf dem Parkplatz am nördlichen Ende der Straße Schauertal oder an der Binghöhle, wo es einen Flyer mit Routenverlauf gibt, 91346 Wiesenttal-Streitberg | **ÖPNV** ab Ebermannstadt (Bahnhof) Regionalbus 389, Haltestelle Streitberg B 470 (im Sommer sonntags mit der Dampfbahn, siehe Seite 114) | **Anfahrt** über B 470 nach Streitberg, über den Dorfplatz in die Straße Schauertal, dann bis zum Parkplatz | **Öffnungszeiten** Binghöhle April–Okt. täglich 10–17 Uhr oder nach Vereinbarung, siehe www.binghoehle.de | **Tipp** Machen Sie einen Abstecher nach Gasseldorf. Dort befindet sich bei Haus Nummer 49 ein Gedenkstein für Johann Georg Lahner, den Erfinder des Wiener Würstchens.

107 Der Pavillon
Schirmherr des Kurorts

Er ist einfach hübsch, dieser kleine Pavillon mit seinen acht Säulen im klassizistischen Stil, wie er da auf der Anhöhe hoch über Streitberg prangt. Und wenn man den kleinen Abstecher von der Binghöhle zu ihm hinüber macht und unter seinen Schirm tritt, bietet er eine erhebende Aussicht auf den ehemaligen Kurort, die Ruinen Streitburg und Neideck, das Schauertal und das Wiesenttal. 1904 wurde er errichtet, zu Ehren von Prinz Rupprecht von Bayern, als dieser Streitberg einen Besuch abstattete. Ignaz Bing, der Entdecker der nach ihm benannten Höhle, stiftete ihn, der ortsansässige Zimmermann Johann Martin entwarf und baute ihn. Noch heute bringt der Prinz-Rupprecht-Pavillon Kurparkflair in die einstige Molkekur-Hochburg.

»Die Fränkische Schweiz und die Molkenkur-Anstalt von Streitberg. Ein treuer Führer für Reisende und ärztlicher Rathgeber für Kurgäste« lautete 1856 der Titel einer in Erlangen verlegten Publikation. Anlass für ihr Erscheinen: »Die Zahl der Kurgäste (…) zu Streitberg hat eine ansehnliche Höhe erreicht« und scheint »alljährlich mehr zuzunehmen«. 16 Jahre zuvor hatte der Arzt Dr. Gustav Briegleb hier eine »Molkekur-Anstalt« gegründet, die sich offenbar schnell großer Beliebtheit erfreute.

So wird der Gast in dem Buch nun mit den schönsten Spaziergängen rund um den Ort vertraut gemacht, mit den Preisen des Kurhauses und natürlich mit der »heilsamen Wirkung« der Streitberger Molken, des Kräutersafts und des Fichtennadelbads. Auch eine »Zeiteinteilung« für einen »Aufenthalt von 1–6 Tagen« wird empfohlen sowie der »Genuss einer freien Berg- und Waldluft«. Denn: »Je ruhiger und friedlicher, je freier und frischer, je ansprechender und lieblicher die Umgebung, desto besser der Erfolg der Kur.«

Einer der berühmtesten Kurgäste war der Dichter Victor von Scheffel. Eine Tafel an der Fassade des heutigen Restaurants »Altes Kurhaus« erinnert an ihn.

Adresse Zugang über Höhlenweg, 91346 Wiesenttal-Streitberg | **ÖPNV** ab Ebermannstadt (Bahnhof) Regionalbus 389, Haltestelle Streitberg B 470 (im Sommer sonntags mit der Dampfbahn, siehe Seite 114) | **Anfahrt** über B 470 nach Streitberg, vom Dorfplatz aus der Beschilderung folgen | **Öffnungszeiten** Hotel und Restaurant »Altes Kurhaus« (Mitglied im Slow-Food-Verband) siehe http://www.altes-kurhaus-streitberg.de | **Tipp** Das ehemalige Nebengebäude des Alten Kurhauses, heute »Historische Pilgerstube«, erwarb Ende des 19. Jahrhunderts Hans Hertlein, der Erfinder des Kräuterlikörs »Streitberger Bitter«. Noch heute kann hier Hertlein-Bitter erworben werden.

108 Die Burg von Ritter Eppelei
Sein Geist ist noch da

Ritter Eppelein. Den Namen haben Sie schon gehört. Genau, das ist der, der den Nürnbergern entkommen ist, kurz bevor sie ihn hängen wollten. Durch einen waghalsigen Sprung per Pferd über den Burggraben. Den Hufabdruck des Gauls sieht man noch heute in der Mauer. – Na ja, es hat eben jemand was Hufeisenähnliches in den Sandstein geritzt. Aber egal. Wir wollen hier erzählen, wer dieser Eppelein von Gailingen eigentlich war.

Man muss ihn sich wohl als eine Mischung aus Till Eulenspiegel, Casanova und James Bond vorstellen. Wobei seine Mission immer in eigener Sache erfolgte und darin bestand, dass er Überfälle auf Handelszüge von und nach Nürnberg organisierte und recht erfolgreich durchführte.

Man kann es ihm nicht wirklich verdenken, denn sein einziger Lebensunterhalt bestand aus den mageren Naturalabgaben der Bauern rund um seinen Burgstandort Trainmeusel, wo die Äcker nicht gerade üppig waren. Dass ihn der Reichtum der Nürnberger Patrizier ärgerte, die nichts anderes taten, als eingekaufte Waren teurer weiterzuverkaufen, ist durchaus nachvollziehbar. Von diesem Handelsgeschäft wollte er auf seine Weise was abhaben und setzte seine ritterlichen Fertigkeiten dementsprechend ein. »Raubritter« nannten ihn die Nürnberger, zerstörten seine Burg, verfolgten ihn, fingen ihn in Forchheim ein und brachten ihn nach Nürnberg, wo der Galgen bereits auf ihn wartete. Der Rest der Geschichte ist bekannt, auch, dass es den Neumarktern neun Jahre später gelang, ihn zu Tode zu rädern.

Jedenfalls sollte man nach Trainmeusel fahren und des armen Hundes mal so richtig gedenken. Von seiner Burg ist leider nur noch eine Mauer übrig, und die dient einem Haus als Wand, welches wiederum ziemlich versteckt ist. Das heißt, man muss schon ein wenig suchen. Aber eins versprechen wir: Dem Geist von Apollonius – so sein eigentlicher, edler Name – werden Sie dort begegnen!

Adresse Trainmeusel, 91346 Wiesenttal-Trainmeusel | **ÖPNV** ab Ebermannstadt (Bahnhof) Regionalbus 234, Haltestelle Trainmeusel | **Anfahrt** über B 470 nach Muggendorf, von dort nach Trainmeusel, circa 50 Meter nach dem Ortseingang links befindet sich die jetzige Hauswand des ehemaligen Ansitzes Trainmeusel (leider inzwischen durch einen Neubau fast völlig verdeckt) | **Tipp** Über die Geschichte des Rittertums in Franken informiert die Dauerausstellung »Hauen, Stechen und Hofieren« auf Burg Hartenstein, Burg 1, 91235 Hartenstein, Tel. 09152/9282197, www.ritterhartenstein.de.

109_ Der Druidenhain
Natur, Kirche oder beides?

Dieser Ort ist eine Herausforderung. Es gibt zu ihm so viele Meinungen, wie es dort Steine gibt, und wer sich die ganze Sache anschaut, wird nicht umhinkönnen, sich seine eigene zu bilden. Mit anderen Worten: Dieser Hain, den der Volksmund seit Jahrhunderten »Druidenhain« nennt, lässt keinen kalt.

Eines steht fest: Was man hier sieht, ist nicht von Menschenhand gemacht. Die geologische Erläuterung, knapp zusammengefasst, lautet: Es handelt sich um eine versteinerte Sedimentschicht des einstigen Jurameeres, die bei einem Absenkvorgang Risse bekommen hat, welche später noch ausgespült wurden. Darüber hinaus haben die Geo-Wissenschaftler – und sie haben 30 Bohrungen vorgenommen – nichts gefunden, keine Knochen, keine Mumien, keine Schätze, keine Kultutensilien, nichts.

Etliche andere Leute finden aber doch etwas. Eine besondere Stimmung. Eine besondere Kraft. Geomanten stellen eine Erdenergie fest, Feng-Shui-Experten eine stärkende Wirkung, die von der Linienführung ausgeht. Und für manche spricht einiges dafür, dass die Bewohner der ehemaligen Keltensiedlung bei Burggaillenreuth das Areal als heiligen Hain und geeigneten Lernort für künftige Druiden betrachteten. Zu ihnen gehört Naturpädagogin Rosa Schmidt aus Birkenreuth.

Schließt man sich einer ihrer Hain-Führungen an, so kann man erfahren, was die geistigen Oberhäupter der keltischen Clans ihren Eleven während ihrer 20-jährigen Ausbildungszeit beibrachten. Etwa wie man mit Hilfe des »Sternsteins« Mond- und Sonnenfinsternisse der nächsten 3.000 Jahre vorhersagt, dass der Stein beim heutigen hohlen Baum negative Energien wie Wut oder Nervosität entzieht und dass der »Mund der Wahrheit« sichtbar macht, ob jemand schlechte Taten verheimlicht. Und, das war das Wichtigste, wie man die Sensitivität entwickelt, selbst wahrzunehmen, wo und wie die Natur mit den Menschen korrespondiert.

Adresse südwestlich von Wohlmannsgesees, 91346 Wiesenttal-Wohlmannsgesees; Naturpädagogin Rosa Schmidt, Tel. 09194/4160, www.naturschule.info | **ÖPNV** ab Ebermannstadt (Bahnhof) Regionalbus 234, Haltestelle Wohlmannsgesees | **Anfahrt** B 470, Abzweigung in Muggendorf nach Wohlmannsgesees, Wanderparkplatz südlich des Dorfs, ab hier zehn Minuten Fußweg mit Markierung »grünes Kreuz« (Beschilderung) | **Tipp** Die Wegmarkierungen »grünes Kreuz« und »gelber Senkrechtstrich« führen über Windischgaillenreuth zum keltischen Ringwall auf dem Schlossberg bei Burggaillenreuth.

WONSEES

110_Felsengarten Sanspareil
Eine Märchenwelt ohnegleichen

Die Natur selbst sei die Baumeisterin gewesen, schrieb Markgräfin Wilhelmine an ihren Bruder, Friedrich II. Gemeint war der Felsengarten Sanspareil, eine so recht nach ihrem Geschmack entstandene Märchenwunderwelt. Denn, so richtig es war, dass sie vieles vorgefunden hatte in diesem Kunstwerk der Natur, so sehr hatte sie doch nachgeholfen bei der Ausgestaltung. Eine Gartenanlage nach literarischem Vorbild entsteht ja nicht einfach so.

François Fénelons Roman »Die Abenteuer des Telemach«, 1699 geschrieben und heute weitgehend vergessen, wurde für Wilhelmine zur geradezu obsessiven Vorlage. Der Felsenhain, so ihre Idee, sollte die griechische Insel Ogygia darstellen, wo Telemach, Sohn des Odysseus, die Nymphe Kalypso und der alte weise Mentor ihre Liebesabenteuer zu bestehen hatten. Homer lässt grüßen.

Die Markgräfin entwarf dafür die bizarr-prächtige Kulisse. Der Morgenländische Bau, kunstvoll um eine Buche herum gebaut, musste her, mit bunten Steinen und Kristallen im Mauerwerk, genauso wie in der Eremitage, wo ebenfalls Stararchitekt Saint-Pierre die Akzente gesetzt hatte. Morgenländischer Bau, das hieß: inmitten eines anmutigen Schlösschens, ursprünglich waren es drei Gebäude, nur der Küchentrakt davon steht noch (und dient heute als Café), ein abgesenktes, üppig bepflanztes Blumenfeld. Zur Ergötzung der Sinne, zur Erbauung der Besucher. Ein Refugium ohnegleichen (»sanspareil«, wie man damals gern sagte).

Eingebettet in einen barocken Landschaftsgarten mit viel Wald, Felsen und Felsdurchgängen, Büsten und Skulpturen und ganz am Ende mit der Grottenanlage der liebesbedürftigen Nymphe Kalypso und einem Felsentheater, das die Studiobühne Bayreuth im Sommer bespielt. Dann entfaltet der Felsengarten wieder einen Teil jenes Zaubers, den er am Anfang besaß und der ihm allmählich, im Lauf der Jahrhunderte, abhandenzukommen droht. Ein oberfränkisches Sommermärchen.

Adresse Sanspareil 29–34, 96197 Wonsees, www.schloesser.bayern.de | **Anfahrt** B 22 oder A 7, Ausfahrt Schirradorf | **Öffnungszeiten** Felsengarten: immer geöffnet; Morgenländischer Bau: Mitte April–Mitte Okt. 9–18 Uhr | **Tipp** Eine Besichtigung der mittelalterlichen Burg Zwernitz gleich nebenan liegt nahe.

WUNSIEDEL

111 Das Felsenlabyrinth
Naturwunder für alle Gesellschaftsschichten

Königin Luise war dort, Goethe war dort, Jean Paul war dort, und wenn Sie auch bald dort gewesen sein werden, dann bestimmt nicht zum letzten Mal. Denn dieses Gelände ist heute so faszinierend wie vor 200 Jahren, und es nur ein einziges Mal gesehen zu haben, kann keinesfalls genügen.

»Die ungeheure Größe der ohne Spur von Ordnung und Richtung übereinander gestürzten Granitmassen gibt einen Anblick, dessen Gleichen mir auf allen Wanderungen niemals wieder vorgekommen«, schrieb Goethe 1820, und er könne es keinem verdenken, der glaube, diese »Erstaunen, Schrecken und Grauen erregenden chaotischen Zustände« seien durch Fluten, Wolkenbrüche, Sturm, Erdbeben oder gar Vulkanausbrüche entstanden. – Wir zitieren das hier so ausführlich, damit Sie uns glauben, dass dieser Ort wirklich beeindruckend ist. – Das größte Granitsteinmeer Europas ist allerdings, wie Goethes eingehende Forschung ergab, nichts als das Ergebnis von Verwitterung und Erosion, was es aber vielleicht umso wundersamer macht.

Zwischen 1790 und 1800 veranlasste eine Gruppe Wunsiedeler Bürger, das Gebiet begehbar zu machen. Weitere fünf Jahre später war es zu einem vorzeigbaren Landschaftsgarten geworden und wurde, als das preußische Königspaar seinen Besuch ankündigte, zu Ehren der jungen Königin »Luisenburg« genannt. Die Dame war hellauf begeistert, nicht nur wegen der Namensgebung. Beflügelt von dem königlichen Lob, baute man weitere Treppen und Wege, und 1820 war die Erschließung vollendet.

Seitdem krabbeln Adelige und Bürger, Prominente und Nichtprominente mit gleichem Spaß Treppen hinauf und Schluchten hinunter, schlängeln sich durch Höhlen und zu wilden Quellen, ziehen unter Felsblöcken die Köpfe ein, schnaufen und schwitzen und freuen sich neben dem Gipfelkreuz über den Fernblick. Genau, wie es sich die bürgerlichen Park-Initiatoren ausgedacht hatten.

Adresse 95632 Wunsiedel, www.wunsiedel.de/tourismus | **Anfahrt** A 9, Ausfahrt Bayreuth-Nord, auf B 303 Richtung Bad Berneck nach Wunsiedel, der Ausschilderung »Luisenburg« folgen | **Öffnungszeiten** Ende März–Mitte Nov. 8.30–18 Uhr, Juni–Aug. 8.30–19 Uhr; ein Rundgang dauert etwa 90 Minuten, Führungen siehe www.wunsiedel/tourismus.de | **Tipp** Besteigen Sie den 939 Meter hohen Berg Kösseine mit Berghütte und beeindruckender Aussicht. Der Rundweg ab Luisenburg-Parkplatz dauert dreieinhalb Stunden.

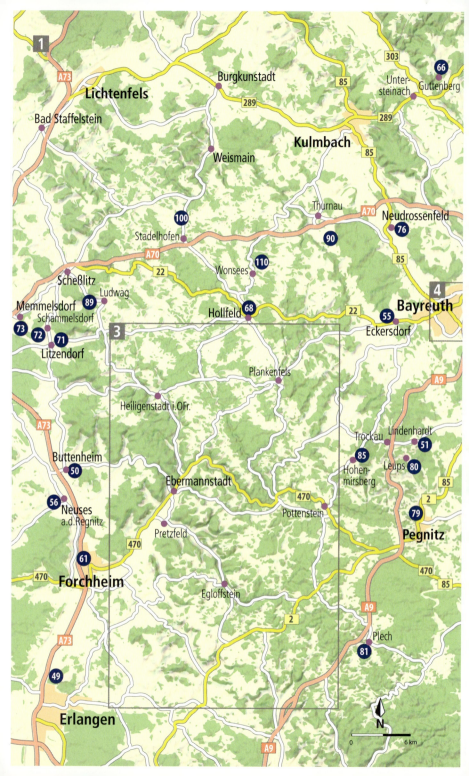

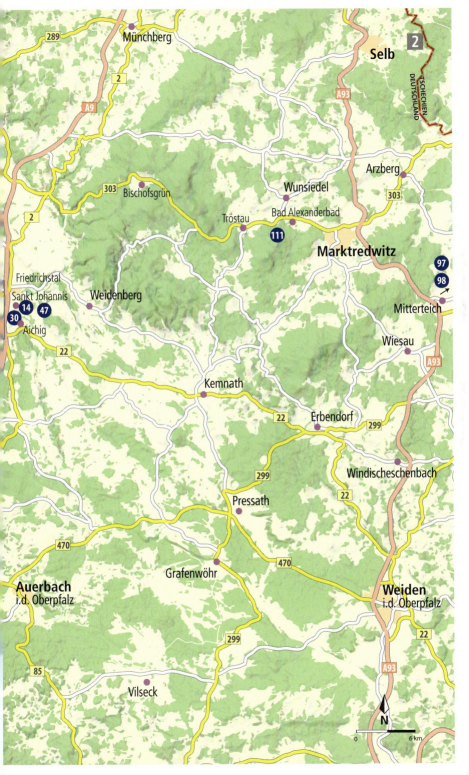

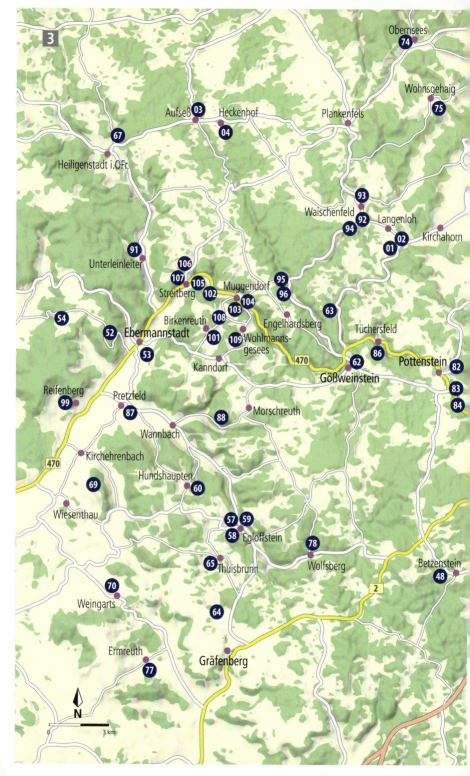

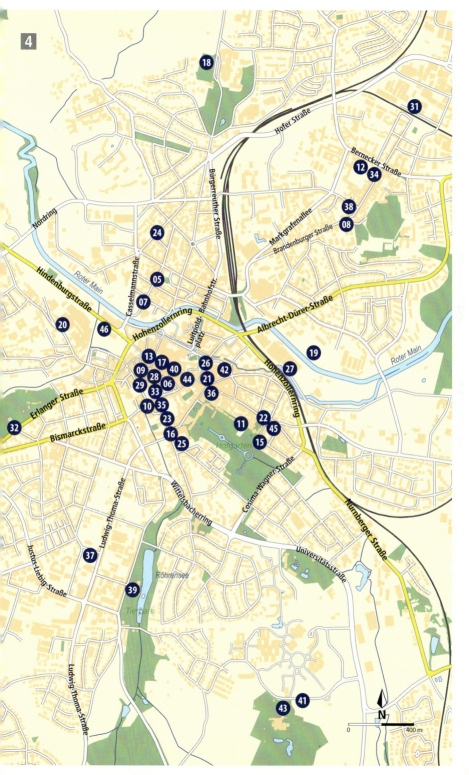

Alexandra Schlennstedt,
Jobst Schlennstedt
111 Orte in Lübeck, die man gesehen haben muss
ISBN 978-3-95451-564-6

Alexandra Schlennstedt,
Jobst Schlennstedt
111 Orte an der Ostseeküste, die man gesehen haben muss
ISBN 978-3-89705-824-8

Rüdiger Liedtke,
Laszlo Trankovits
111 Orte in Kapstadt, die man gesehen haben muss
ISBN 978-3-95451-456-4

Gerd Wolfgang Sievers
111 Orte in Venedig, die man gesehen haben muss
ISBN 978-3-95451-352-9

Vito von Eichborn
111 Orte zwischen Lübeck und Kiel, die man gesehen haben muss
ISBN 978-3-95451-339-0

Petra Sophia Zimmermann
111 Orte am Gardasee und in Verona, die man gesehen haben muss
ISBN 978-3-95451-344-4

Marcus X. Schmid,
Halûk Uluhan
111 Orte in Istanbul, die man gesehen haben muss
ISBN 978-3-95451-333-8

Christiane Bröcker,
Babette Schröder
111 Orte in Stockholm, die man gesehen haben muss
ISBN 978-3-95451-203-4

Oliver Schröter
111 Orte für echte Männer, die man gesehen haben muss
ISBN 978-3-95451-228-7

Jo Seuß
111 Orte in Fürth und Erlangen, die man gesehen haben muss
ISBN 978-3-95451-416-8

Annett Klingner
111 Orte in Rom, die man gesehen haben muss
ISBN 978-3-95451-219-5

John Sykes, Birgit Weber
111 Orte in London, die man gesehen haben muss
ISBN 978-3-95451-117-4

Alexandra Schlennstedt, Jobst Schlennstedt
111 Orte in der Lüneburger Heide, die man gesehen haben muss
ISBN 978-3-95451-844-9

Susanne Thiel
111 Orte in Madrid, die man gesehen haben muss
ISBN 978-3-95451-118-1

Dirk Engelhardt
111 Orte in Barcelona, die man gesehen haben muss
ISBN 978-3-95451-066-5

Stefan Spath
111 Orte in Salzburg, die man gesehen haben muss
ISBN 978-3-95451-114-3

Ralf Nestmeyer
111 Orte in der Provence, die man gesehen haben muss
ISBN 978-3-95451-094-8

Peter Eickhoff, Karl Haimel
111 Orte in Wien, die man gesehen haben muss
ISBN 978-3-89705-969-6

Bernd Imgrund,
Britta Schmitz
111 Kölner Orte, die man gesehen haben muss
Band 2
ISBN 978-3-89705-695-4

Dietmar Bruckner, Jo Seuß
111 Orte in Nürnberg, die man gesehen haben muss
ISBN 978-3-95451-042-9

Lucia Jay von Seldeneck, Verena Eidel, Carolin Huder
111 Orte in Berlin, die man gesehen haben muss
ISBN 978-3-89705-853-8

Rüdiger Liedtke
111 Orte in München, die man gesehen haben muss
ISBN 978-3-89705-892-7

Lucia Jay von Seldeneck, Verena Eidel, Carolin Huder
111 Orte in Berlin, die man gesehen haben muss
Band 2
ISBN 978-3-95451-207-2

Bernd Imgrund,
Britta Schmitz
111 Kölner Orte, die man gesehen haben muss
Band 1
ISBN 978-3-89705-618-3

Lust auf mehr? Laden Sie sich die »LChoice«-App runter, scannen Sie den QR-Code und bestellen Sie weitere Bücher direkt in Ihrer Buchhandlung.

Textnachweis

Michaela Moritz: Kapitel 1, 2, 3, 49, 50, 51, 53, 54, 55, 57, 58, 59, 60, 61, 62, 63, 64, 65, 67, 68, 69, 70, 71, 73, 77, 78, 81, 82, 83, 85, 86, 88, 89, 90, 91, 92, 95, 96, 99, 100, 101, 102, 103, 104, 105, 106, 107, 108, 109, 111
Dietmar Bruckner: Kapitel 5, 6, 7, 8, 9, 11, 14, 15, 16, 17, 18, 19, 21, 22, 23, 24, 27, 29, 31, 32, 33, 34, 35, 42, 46, 47, 48, 52, 66, 76, 84, 87, 94, 97, 98, 110
Heike Burkhard: Kapitel 13, 26, 36, 72
Melanie Bauer: Kapitel 4, 75, 79, 80, 93
Julia Rattke: Kapitel 19, 38, 41, 43, 56
Matthias Zirngibl: Kapitel 12, 25, 44, 45
Isabel Welz: Kapitel 28, 30, 37, 39, 40

Fotonachweis

Kap. 1 Burg Rabenstein; Kap. 7 Heike Burkhard; Kap. 9 Heike Burkhard; Kap. 14 Bayerische Schlösserverwaltung/Achim Bunz; Kap. 19 Stadt Bayreuth; Kap. 25 Heike Burkhard; Kap. 26 Bayerische Schlösserverwaltung; Kap. 27 BBC Bayreuth; Kap. 29 Heike Burkhard; Kap. 35 Klaviermanufaktur Steingraeber & Söhne, Bayreuth; Kap. 39 Heike Burkhard Kap. 47 Heike Burkhard; Kap. 48 Abenteuerpark; Kap. 53 Tourismusbüro Gößweinstein; Kap. 57 Michael Wirth, Tourismusverein Egloffstein; Kap. 59 Michael Wirth, Pension Mühle; Kap. 63 Forsthaus Schweigelberg; Kap. 64 Heike Burkhard ; Kap. 74 Therme Obernsees; Kap. 83 Brigitte Arnold; Kap. 91 Rolf Pätschinsky; Kap. 95 Aktiv Reisen GmbH; Kap. 97 Bernhard Eckstein; Kap. 98 Heike Burkhard; Kap. 111 Christa Moritz; alle anderen: Michaela Moritz

Die Autoren

Dietmar Bruckner, 1951 in Nürnberg geboren, ist als Journalist tätig. Er hat mehrere Bücher veröffentlicht, schreibt für regionale und überregionale Medien und hat einen Lehrauftrag an der Uni Bayreuth. Bei Emons ist sein Buch »111 Orte in Nürnberg, die man gesehen haben muss« erschienen.

Michaela Moritz, 1968 in Nürnberg geboren, arbeitet als Journalistin, Fotografin, Librettistin und Texterin. Sie schreibt und fotografiert für regionale Medien, hat als Co-Autorin Bildbände zur Hirtenkultur Sardiniens und Esskultur Siziliens veröffentlicht und leitet philosophische und literarische Reiseseminare in verschiedenen Gegenden Europas.

Heike Burkhard, geb. 1952 in Erlangen, arbeitet als Lehrerin und hat ein unterrichtspraktisches Buch zur Freiarbeit veröffentlicht. Sie war an Technik, Text und Fotos maßgeblich beteiligt.

Teilnehmer und Teilnehmerinnen am Kurs »Schreiben & Präsentieren« an der Universität Bayreuth: Isabel Welz, Melanie Bauer, Julia Rattke, Matthias Zirngibl, Lisa Dally (von links oben im Uhrzeigersinn)